BEITRÄGE ZUR MITTELRHEINISCHEN MUSIKGESCHICHTE

Herausgegeben von der Arbeitsgemeinschaft für mitt

Nr. 11

Michael Vehe

Ein New Gesangbüchlin Geistlicher Lieder

Faksimile-Druck der ersten Ausgabe
Leipzig 1537

Herausgegeben und mit einem Geleitwort versehen
von Walther Lipphardt

B. SCHOTT'S SÖHNE · MAINZ

Gedruckt mit Unterstützung der Bischöflichen Ordinariate
Limburg, Mainz, Speyer und Trier

Edition Schott 6251

Gesamtherstellung: Hartdruck Volkach

INHALT

GELEITWORT

Eine Facsimile-Ausgabe von MICHAEL VEHES *New Gesangbüchlin
Geistlicher Lieder*, Leipzig 1537 in den Beiträgen zur Mittelrheinischen
Musikgeschichte mag zunächst Verwunderung erwecken. Das erste ka-
tholische Gesangbuch[1] entstand nämlich in Halle. Es war dem Bürger-
meister CASPAR QUERHAMMER von Halle gewidmet, und der Herausge-
ber MICHAEL VEHE war Propst an der Stiftskirche zu Halle. Gedruckt
wurde es noch zu Zeiten des katholischen Herzogs GEORG DES BÄRTIGEN
von Sachsen in Leipzig bei NIKOLAUS WOLRAB. Als nach dem Tode
Georg des Bärtigen auch das ernestinische Sachsen 1539 protestantisch
wurde, blieb der größte Teil der Auflage des Gesangbuchs unverkauft
und wurde nach dem wirtschaftlichen Zusammenbruch Nikolaus Wol-
rabs und seiner Flucht aus Leipzig 1547[2] vernichtet. Das ist der Grund,
warum Exemplare der ersten Auflage verhältnismäßig selten sind[3].
Erst 1567 wagte ein Mainzer Drucker, FRANZ BEHEM, der ebenfalls wie
N. Wolrab eine Nichte des Humanisten COCHLÄUS zur Frau hatte[4], eine
Neuauflage des Gesangbuchs. Er stammte aus dem Meißnischen, wo er
um 1500 in Dippoldiswalde geboren wurde. Zuerst war er Buchbinder
und Buchhändler in Dresden. Nach dem Umschwung in Dresden wan-
derte er aus, und sein Oheim Cochläus machte es ihm durch mehrere
Geldzuwendungen möglich, im Viktorstift zu Mainz eine Druckerei ein-
zurichten. Diese signierte bis 1552 »*Zu St. Victor bei Mainz*« oder »*Ad*

---

[1] Der einzige Vorgänger M. Vehes auf katholischer Seite war der Humanist PETER
TRITONIUS, der 1524 den *Hymnarius* von Siegmundlust bei Piernsieder in Schwaz
hatte erscheinen lassen, ein umfangreiches deutsches Hymnar auf die Melodien der lat.
Hymnen, mit Notenlinien, aber ohne Noten (s. MGG XIII, Sp. 698).
[2] s. Gutenberg-Jb. 1955 S. 177 f.; A. KIRCHHOFF. *Nickel Wolrabe's in Leipzig Ausgang*
in: Archiv f. Gesch. des deutschen Buchhandels 12 (1889) S. 303 f. J. BENZING, *Die
Buchdrucker des 16. und 17. Jahrhundertts im deutschen Sprachgebiet*, Wiesbaden 1963,
S. 263.
[3] Mir sind bisher nur folgende Exemplare bekannt geworden: Göttingen, UB: 8° H.
e. rit. I 9475; Gotha, Landesbibl.: Cant. sacr. 626; Hannover, Landesbibl.: Theol.;
Zwickau, Ratsschulbibl.: I. VII. 9; Straßbourg, Bibl. nat.: E 156. 595; Wien, Natio-
nalbibl.: S.A. 76. E. 53; Edinburgh, Nationalbibl. Cwn 306. Vorliegende Reproduk-
tion wurde nach dem Exemplar der UB Göttingen gemacht. Für die Erlaubnis hierzu
sagen wir der Leitung dieser Bibliothek unseren besonderen Dank.
[4] J. BENZING, a. a. O. S. 298.

divum Victorem prope Moguntiam«[5]. Der Versuch, eine Druckerei 1542 in Heidelberg zu gründen — vermutlich wegen der starken Konkurrenz Ivo Schöffers in Mainz — war erfolglos. Nach der Zerstörung des Viktorstiftes durch den Markgrafen Albrecht Alcibiades von Brandenburg-Kulmbach verlegte er seine Druckerei in die Innenstadt von Mainz und zeichnete ab 1556: *»Zum Maulbaum«*. Ab 1555 tat er sich mit dem Mainzer Buchhändler THEOBALD SPENGEL zu einer Verlagsgemeinschaft zusammen[6].

In diesem Verlag also erschien die zweite Auflage des Veheschen Gesangbuches, das damit gleichzeitig nicht nur das älteste gedruckte Gesangbuch von Mainz, sondern des ganzen mittelrheinischen Gebiets wurde. Sein Titel lautete fast genau so wie der der ersten Ausgabe: *Ein New Ge-||sangbüchlin Geistlicher Lieder/ || vor alle gute Christen/ nach ordenung || Catholischer Kir-||chen. || . . . || Gedruckt zu Meyntz/ durch || Franciscum Behem. || Anno M. D. LXVII*[7].

Wegen der Bedeutung des Mainzer Druckes für das gesamte katholische Gebiet am Mittelrhein bestand zunächst die Absicht, diesen Mainzer Druck in den Beiträgen zur Mittelrheinischen Musikgeschichte zu veröffentlichen. Dabei sollten die Abweichungen vom Erstdruck durch eine Angabe der *Varia lectio* in einem Anhang deutlich gemacht werden. Aber im Hinblick auf die hymnologische, typographische und literarische Bedeutung des Erstdrucks wurde hier der umgekehrte Weg gewählt. Diese Ausgabe wird der Bedeutung des Mainzer Drucks dadurch gerecht, daß sie jede Abweichung des Druckers Behem im Notentext von der Ausgabe des Wolrab in der *Varia lectio* des Anhangs deutlich macht.

Man wird noch einen zweiten Grund für die Wahl des Erstdruckes angeben können. Der Herausgeber MICHAEL VEHE stammte aus Biberach in Württemberg, war um 1500 Dominikaner in Wimpfen am Neckar, 1515 Regens des Heidelberger Dominikaner-Konvents und wurde von dem Kurfürsten ALBRECHT VON MAINZ mit wichtigen Aufträgen im Kampfe mit den Reformatoren beauftragt, zuletzt mit der Berufung an das von Albrecht neu gegründete Stift *»ad velum aureum«* in Halle[8].

Schließlich gehört auch der geistige Vater dieses Gesangbuchs, der Protektor der beiden Verlage, die es in Leipzig und Mainz herausbrachten, der Humanist JOHANNES COCHLÄUS, dem mittelrheinischen Kreis an. Er war seit 1520 Dechant in Frankfurt a. M. und seit 1526 Kanonikus in

---

[5] ebda. S. 298.
[6] ebda. S. 298.
[7] Hiervon sind mir bisher folgende Exemplare bekannt: München, Bayr. Staatsbibl.: Liturg. 8° 484; ebda: Liturg. 8° 997 (3); Graz, UB I 24 909.
[8] Zur Literatur über M. Vehe, siehe MGG XIII, Art. *Vehe*, Sp. 1359 f.

Mainz, ehe er 1528 als Hofkaplan nach Dresden ging[9], der erste aus der Reihe der Humanisten, der zur katholischen Kirche zurückfand und die Reformation bekämpfte[10].

Neben M. Vehe, J. Cochläus und F. Behem muß hier noch der Name eines Mannes genannt werden, der für die Geschichte des Kirchenlieds am Mittelrhein von großer Bedeutung war und zu den Mitarbeitern Michael Vehes gehörte: GEORG WITZEL (1501—1573). Er stammte aus Vacha in der Rhön; auch er wirkte bis 1539 am Hofe GEORGS DES BÄRTIGEN für die katholische Sache, wandte sich dann nach Berlin und Ende 1540 an den Sitz des Fürstabts von Fulda und schließlich nach Mainz, wo er seit 1553 an der Universität lehrte. Seine *Odae Christianae* 1541, vermutlich auch schon sein *Deutsch Betbuch* 1537, und sein *Psaltes ecclesiasticus* 1550 erschienen in Mainz (letzterer bei F. Behem)[11].

Seit 1524 gab es die Gesangbücher der Reformation, die spezifisch lutherischen in Wittenberg[12], Erfurt[13] und Nürnberg[14], dazu traten noch sporadisch Zwickau[15], Breslau[16] und Leipzig[17] hinzu. Einen eigenen Typus auch im Aufbau brachten die protestantischen Gesangbücher des deutschen Südwestens: Straßburg (seit 1524)[18], Konstanz (seit 1533/34)[19]. Die neue Entwicklung, die um 1540 im lutherischen Bereich mit den Magdeburger Gesangbüchern, im rheinischen Bereich aber mit den krypto-calvi-

---

[9] Nach dem Tode Herzog Georgs wurde er Domherr in Breslau; dort starb er 1552.

[10] J. Cochläus hatte schon 1536 dem Nikolaus Wolrab, dem Mann seiner 1532 verheirateten Nichte, eine Druckerei in Leipzig eingerichtet. 1535 hatte sich Elisabeth Schlosser, eine Tochter der Schwester des Cochläus mit Franz Behem verheiratet. Wieder hat J. Cochläus die Gründung der Druckerei des F. Behem in Mainz durch mehrere Geldzuwendungen unterstützt (J. BENZING, a. a. O S. 263 und 298).

[11] s. MGG XIV, Art. Gg. Witzel, Sp. 749 f.

[12] Das *Geystliche gesangk Buchleyn* Johann Walters 1524, das Klugsche Gesangbuch von (1529) 1533, 1535.

[13] Die Erfurter Enchiridien (Zahn VI, 5 und Zahn VI, 6) von 1524, 1525 (Zahn VI, 9 und Zahn VI, 17), 1526 (Zahn VI, 19, 20), 1527 (Zahn VI, 29); *Geystliche gesenge,* Erfurt 1526 (Zahn VI, 11).

[14] *Enchiridion*, Nürnberg 1525 (Zahn VI, 10); *Form und Ordnung,* Nürnberg 1525 (Zahn VI, 16); 1526 (Zahn VI, 25); *Gantz newe geystliche teutsche Hymnus . . .* Nürnberg 1527; *Enchiridion geystlicher Gesenge,* Nürnberg 1527 (Zahn VI, 31); *Kirchē gesenge . . .,* Nürnberg 1531 (Zahn VI, 37).

[15] *Eyn gesang Buchleyn . . .,* Zwickau 1525 (Zahn VI, 13); *Enchiridion geistlicher gesenge . . .,* Zwickau 1528 (Zahn VI, 31).

[16] *Eyn gesang Buchlien . . .,* Breslau 1525 (Zahn VI, 12).

[17] *Enchiridion geistlicher gesenge . . .,* Leipzig (M. Blum) um 1530.

[18] *Teütsch kirchenampt . . .,* Straßburg um 1524 (Hubert 7 und 8); *Psalmē gebett . . .,* Straßburg 1526 (Zahn VI, 24); /, 1530.

[19] Die verlorene erste Auflage des Konstanzer Gesangbuchs wird von MARKUS JENNY auf 1533/34 datiert (M. JENNY, *Geschichte des deutsch-schweizerischen Gesangbuches im 16. Jhd.,* Basel 1962).

nistischen Bonner Gesangbüchern seit 1544[20] einsetzte, konnte die Schicksale des ersten katholischen Gesangbuchs nicht mehr berühren, ebensowenig wie die nach dem Kirchenjahr geordneten Gesangbücher der Offizin von JOH. EICHORN in Frankfurt an der Oder seit 1558[21]. Wie für die lutherischen Gesangbücher muß aber vorausgesetzt werden, daß für Vehe das Gesangbuch des MICHAEL WEISSE, das 1531 unter dem Titel *Ein New Gesengbuchlen* in Jungbunzlau in Böhmen herausgekommen war[22] und zu den mittelalterlichen Gesängen der böhmischen Brüder eine deutsche Übersetzung bot[23], bekannt war.

Bei den Lutheranern findet sich der Titel *Geistliche gesangk Buchleyn* nur in dem *Wittenbergisch Gesangbüchlein* von 1524, das JOHANN WALTER als eine Sammlung mehrstimmiger Gesänge in 5 Stimmbänden herausgab. *Eyn gesang Buchlien* ... oder *Eyn gesang Buchleyn* ... gibt es außerdem als Titel 1525 noch in Breslau und Zwickau. Dann treten im lutherischen Bereich nur noch Titel wie *Enchiridion Geistlicher Gesänge, Geistliche Lieder, Etliche Gesänge, Psalmen, Psalter, Form und Ordnung* auf, bis 1531 mit dem Gesangbuch M. Weisses der Titel *Ein New Gesengbuchlen* zum ersten Mal gebraucht wird, den dann 1537 auf katholischer Seite MICHAEL VEHE mit seinem *Ein New Gesangbüchlin Geystlicher Lieder* und (spätestens 1540) auf protestantischer Seite das Konstanzer *»Nüw gsangbüchle«* aufgreift.

Im Vorwort Michael Vehes erfahren wir einiges über die eigentliche Absicht und Funktion des Gesangbuchs: *»Geystliche Lieder und Lobgesäng zum theil von den Alten ... auß dem Evangelio/ Psalmen/ vnd heyliger geschrifft/ zu fürderung der andacht/ vnd mehrung göttliches Lobs gemacht«* hat Vehe in diesem Gesangbuch zusammengestellt. Durch *»vieler Christen fleissigs ansůchen«* ließ er sich bewegen *»zu uerschaffen das etliche geistliche vnverdechtliche gesanglyder würden angericht/ welche vom gemeynen Leyen Gott zu lob vnd ehren/ zu auffweckung des geysts/ vnd anreytzung der andacht/ möchten in vnd ausser der kirchen/ vor vnd nach der predig/ Auch zur zeit der gemeinen bitfarten/ vnd zu andern heyligen gezeitten gesungen werden/ hat michs für gut angesehen solchs büchlin (welchs kein schädt od' schmachlyd in sich schleust) durch den truck zu mehrern vnd vylen mitzutheilen/ welchs ich in der besten meinůg gethan.«*

---

[20] PH. WACKERNAGEL, *Bibliographie zur Gesch. des dt. Kirchenliedes*, 1855, Nr. 1089.
[21] *Ein new || ausserlesen Ge-||sangbüchlein...*, Frankfurt a. der Oder 1558 (nach meinen Untersuchungen das früheste der *»nach der Jarzeit«* geordneten lutherischen Gesangbücher) s. JbLH 13, 1968, S. 161—170.
[22] Zahn VI, 31.
[23] C. SCHOENBAUM, *Die Weisen des Gesangbuchs der Böhmischen Brüder*. In: Jb. f. Liturgik und Hymnologie, 3. Jg. 1957, S. 44—61.

Zwei der hier genannten Prinzipien hat Vehe mit den evangelischen Gesangbüchern seiner Zeit gemeinsam, das Prinzip, Lieder zu schaffen die auf die hl. Schrift gegründet sind, und das Prinzip, die »gemeinen Leyen« am Gotteslob der Kirche zu beteiligen, wenn dies auch nur vor und nach der Predigt geschieht. Das dritte Prinzip ist angedeutet mit dem Wort »vnverdechtliche gesanglyder« und dem Hinweis auf die »schandt- und schmachlyd«. Das Fehlen katholischer Gesangbücher in den beiden ersten Dezennien der Reformation hatte dazu geführt, daß sich auch die Katholiken der protestantischen Gesangbücher bedienten. Hier wurde ihnen nun zum ersten Mal ein Gesangbuch in die Hand gegeben, dessen Lieder keine Propaganda für die neue Lehre machten und auch keine Schmähungen der alten Kirche und des Papsttums enthielten.

Sehr aufschlußreich ist der Aufbau des Gesangbuches. Nach der Vorrede folgt auf den ersten 14 Blättern ein Ordinarium von Gesängen die »Vff alle heylige tage« oder zur Zeit »der hochzeitlichen Festen« gesungen werden sollen. Dann kommen 8 Lieder »gezogen aus den Psalmen«, also Psalmparaphrasen, und zwar von Psalm 5, 33, 50, 66, 85, 90, 127, 129 (nach Vulgata-Zählung). Dann folgen De tempore-Lieder, 4 für Weihnachten, 2 für Ostern, 3 für verschiedene Marienfeste (Conceptio, Nativitas, Annuntiatio), 1 für Johannes Baptista, 1 für Assumptio, 2 Lieder für Apostelfeste, ein Bitt- und ein Danklied, sowie zwei Litaneien für die Prozessionen am Markustag, je 2 Lieder auf Christi Himmelfahrt und Pfingsten und 3 Lieder für Fronleichnam. Bis zu dieser Stelle hält sich Vehe offenbar an ein festes Programm »nach der Jahreszeit«, das nur in der Gruppe der zwischen Ostern und Himmelfahrt gestellten Heiligenfeste etwas in Unordnung geraten ist.

Einen sinnvollen Abschluß dieses Programms bietet das umfangreiche »geystlich Lied von der erschaffung/ vnd erlösung menschlichs geschlechts«, dessen einzelne Teile auf bestimmte Zeiten des Kirchenjahrs zu singen sind. Danach beginnt ein erster Nachtrag, der vermutlich noch während des Druckes entstand. Das geistlich Klaglied: Mitten wir im leben synt und Das geystlich Bittlied: Ach lieber Herr ich bytte dich sind Nachträge für die Bittprozession. Dann kommt »Ein geystlich Bittlied vmb den fryden« und ein Lied auf Allerheiligen, dem noch zwei andere Commune-Lieder für Heiligenfeste folgen. Den Abschluß bildet in choralischer Hufnagel-Notation die Sequenz Ave praeclara maris stella in der Übersetzung von SEBASTIAN BRANT. Darunter steht »Ende des Gsangbüchleins geystlicher Lieder.« Trotzdem folgt noch ein zweiter Nachtrag, ausschließlich mit Liedern von G. W. [= GEORG WITZEL]. Nach den 5 Liedern Witzels heißt es dann »Ende der Gesäng aus der heiligen Schrifft G. W.« — Mit der Scheidung in Psalmlieder und De *tempore*-Lieder hält sich Vehe offenbar an das Vorbild der Straßburger und Konstanzer Gesangbücher, wo die Psalmen voranstanden, aber danach ein großer Abschnitt geistlicher Lieder folgte[24]. Während die lutherischen Gesangbücher bis 1558 an dem Prinzip der Einteilung nach der Entstehung (1. Lieder Luthers. 2. Lieder der Alten. 3. Lieder der Unsrigen) festhielten, zielt Vehes Gesangbuch im Teil der Geistlichen Lieder auf die Anordnung nach dem Kirchenjahr. Daß ihm das nicht ganz gelingt, liegt an der problematischen Stellung der Heiligenfeste in den liturgischen Büchern der lateinischen Liturgie. Noch im 16. Jahrhundert gibt es Antiphonare und Gradualbücher, in denen die Heiligenfeste im Wechsel mit den Herrenfesten nach Epiphanie, Ostern und Trinitatis stehen, während andere schon die klare Scheidung in *Proprium de Tempore* und *Proprium Sanctorum* haben. Vehe faßt alle Heiligenfeste nach den Osterliedern zusammen und muß später nur Allerheiligen nachtragen. Mit den Liedern Witzels im Anhang wurde er sicher erst zu spät bekannt, sonst hätte er sie wohl auch im Hauptteil untergebracht.

M. Vehe war als führender Dominikaner-Theologe in erster Linie Apologet und Prediger, der sich in der Kontrovers-Literatur der Zeit einen Namen gemacht hat, als Dichter, Musiker oder Hymnologe ist er sonst nicht hervorgetreten — im Gegensatz etwa zu G. Witzel, der ein großes hymnologisches Wissen besaß. Woher nahm Vehe die Vorlagen zu seinen Liedern? Sehr schwierig ist diese Frage bei den Liedern, die Vehe laut seiner Vorrede »*von den Alten*« übernommen hat, zu beantworten. Wir kennen diese Lieder z. T. in ihrer mittelalterlichen Überlieferung, zum Teil in der Aufzeichnung G. Witzels, zum Teil aus den Gesangbüchern der Reformation, die Melodien aber, da Witzel sie nicht mitteilt, mit wenigen Ausnahmen nur aus den protestantischen Quellen. Es handelt sich dabei um folgende 19 Lieder:

Bl. 7 [A$_{vii}$] *Ich glaub in got dē vatter mein* — Es ist das schon seit 1417 in einer Breslauer Handschrift bezeugte »*Wir glauben in einen Got*«[25], das in verschiedenen Fassungen z. T. mit Melodie, aber immer nur mit einer Strophe aus dem Mittelalter überliefert ist [ursprünglich ein Motetten-Tenor][26], das dann M. Luther zu einem Lied mit drei Strophen

---

[24] s. M. JENNY a. a. O., S. 80.

[25] BÄUMKER I, Nr. 366. I nach Breslau Cod. I. 4. 466 f. 27a, einer Hs. des Nikolaus von Kosel (1414–1421), und Nr. 366. II nach Zwickau, Ratsschulbibl. Cod. 18. 4. Bl. 80 (Faksimile des Liedes in der Breslauer Hs. bei K. S. MEISTER, a. a. O.).

[26] FR. LUDWIG hat im AfMw 5 (1923) S. 261 f. nachgewiesen, daß dieser Tenor außer in Breslau und Zwickau auch in mehreren tschechischen Handschriften des 15. und 16. Jhds. wiederkehrt und zwar in der gleichen zweistimmigen Komposition, nämlich in Prag, Nat. Mus. II C 7 (Jistebnitz) S. 240; Prag, Nat. Mus. XII. A. 1 Bl. 223^v; Prag, XIII. A. 2 Bl. 19^v; Wien Nat. Bibl. Cod. 15 501 (Kuttenberger Gra-

unter Beibehaltung der alten Melodie umgedichtet hat (Walter 1524)[27]. Auch Vehe hat drei Strophen, die in Anlehnung an den Luther-Text [vermutlich von C. Querhammer] neu gedichtet sind. — Die Melodie ist notengetreu so aus Klugs Gesangbuch (1529) 1533 übernommen, ausgenommen die Auflösung je einer Ligatur in der 7. und 8. Zeile durch Vehe und die Aufteilung einer Brevis in zwei Semibreven zu Beginn der 5. Zeile.

Bl. 28 (Diiij) *Der tag der ist so frewden reych* (5 Strophen). Der Text des Liedes ist in vielen Fassungen seit dem 15. Jhd. verbreitet[28]. Vehe kannte die fünfstrophige mittelalterliche Fassung, denn seine 5. Strophe *Die edle König hochgeborn,* die dem Lied erst den richtigen Abschluß gibt, da es sonst mit dem Kindermord des Herodes schließt, findet sich schon so wie bei Vehe in Quellen des 15. Jahrhunderts (Clm 2992 = Wackernagel II, 689; Cgm 444 aus dem Jahre 1422 = Wackernagel II, 695). In den lutherischen Gesangbüchern fehlt diese Strophe. Trotzdem hält sich Vehe im Text der Strophen, die er mit den lutherischen Gesangbüchern, z. B. Klug, Wittenberg (1529) 1533, gemeinsam hat, an deren Wortlaut — stärker als G. WITZEL — der übrigens die 5. Strophe auch nicht hat — z. B. *das du mutter werest* statt: *aus der Engel thronen (scharen),* wie es in der mittelalterlichen Überlieferung und bei Witzel heißt. — Die Melodie richtet sich nicht nur notengetreu, sondern auch in der Schlüsselstellung genau nach der Aufzeichnung bei Klug (1529) 1533.

3. Bl. 29 [Dv] *Gelobet seyst du Jesu Christ.* Das Lied steht in den lutherischen Gesangbüchern unter den Liedern Luthers. Es ist aber kein Zweifel, daß die 1. Strophe zu den mittelalterlichen Leisen gehört. Das Zeugnis G. Witzels im *Psaltes Ecclesiasticus* 1550, daß »*unsere Alten sie sungen*«, wird bestätigt durch das Ordinarium der Kirche von Schwerin 1519, wo sich bei der Sequenz zum *Grates nunc omnes* die Rubrik findet: »*Populus vero canticum vulgare Ghelavet systu Jesu Christ tribus vicibus subiunget.*« In Niederdeutschland geht die Traditon dieses Liedes bis auf das 14. Jahrhundert zurück. Drei aus dem Zisterzienserinnenkloster Medingen bei Lüneburg stammende Handschriften aus der Zeit um

---

duale) Bl. 58v; Prag, Nat. Mus. XII. A. 23, Verso-Seite des letzten Blattes; Wien, Nat. Bibl. Cod. 15 503 (Czaslauer Gradual 16. Jhd.). In diesen tschech. Quellen steht der deutsche Liedtext in lat. Fassung *Deum deum verum unum colimus.* Das Lied muß in Böhmen, Schlesien und Sachsen weit verbreitet gewesen sein. Ludwig sagt dazu: »Durch Luthers Choral: *Wir glauben all an einen Gott,* dem Luther die alte Tenormelodie mit nur wenigen Änderungen als Melodie gab, blieb die Melodie des letzten Tenors einer Motette *vetustissimi stili* durch die Jahrhunderte hindurch bis in unsere Zeit lebendig.«

[27] WACKERNAGEL III, Nr. 23.
[28] WACKERNAGEL II, Nr. 689 ff.

1380, 1460 und 1529 enthalten die erste Strophe in lückenloser Tradition[29], die mittlere sogar mit diastematischer Notation und folgendem Text (zur Elevation der ersten Weihnachtsmesse):

Ghelouet sistu ih[es]u crist,
dat du hute bore[n] bist
va[n] eyner maghet, dat js war,
des vrowet sik alle de he[m]melsche scar.
Kryol[eis].

Die diastematischen Neumen hierzu zeigen die gleiche Melodie in der Form, wie sie auch in den frühen lutherischen Gesangbüchern und hier bei Vehe gedruckt wird. Die erste Strophe, welche Witzel mitteilt, unterscheidet sich von der lutherischen nur an einer Stelle. Witzel hat das unausgeglichene: *des freuet sich aller Engel Schar,* während Luther und auch Vehe die silbenzählende Fassung: *des freuet sich der Engel schar* haben. Die Tatsache, daß Luther sechs neue Strophen hinzu gedichtet hatte, veranlaßte Vehe, an deren Stelle 5 andere Strophen (vermutlich von C. Querhammer) zu setzen, die aber schon zu jener Zeit mit Luthers Dichtung nicht konkurrieren konnten. — Die Melodie stimmt notengetreu mit Klug (1529) 1533 überein.

4. Bl. 30^v f (D$_{vi}$^{v}) *In dulci iubilo.* Zu dem Fehlen der 4. Strophe *Mater et filia* aus der mittelalterlichen Überlieferung dieses bis auf das 14. Jahrhundert zurückgehenden lateinisch-deutschen Mischliedes bemerkt schon W. Bäumker I, S. 312: »Diese spezifisch katholische Strophe fehlt in den frühesten protest. Gesangbüchern. ... Auch im Vehe'schen Gesangbüchlein und bei Leisentrit ist sie ausgelassen worden, so daß man wohl annehmen kann, Vehe habe dieses alte, katholische Lied aus protestantischer Quelle herübergenommen.« G. Witzel, bei dem übrigens diese Strophe auch fehlt, hat in seinem *Psaltes ecclesiasticus* bei der 2. Strophe die mittelalterlich-katholische Wendung »*nach aller Jungfraw güte*« stehen lassen, während Vehe sich auch hier genau an den protestantischen Text: »*durch alle deine güte*« hält. — Auch in der Melodie stimmt Vehe bis auf die 4. und 5. Note genau mit Klug 1529 (1533) überein. Statt *G a* muß es *a b* heißen [Druckfehler bei Vehe 1537 und 1567!]

5. Bl. 31 ff. (D$_{vii-viii}$) *Christ ist erstanden.* Vehe übernimmt bei diesem Lied ebenfalls genau die Fassung der lutherischen Gesangbücher, wie sie zuerst bei Klug (1529) 1533 steht, in Text und Melodie bis auf den Druckfehler in der Ligatur *Ga* des ersten der drei aufeinander folgen-

---

[29] Es handelt sich um die Hsn. Trier, Bistumsarchiv Ms. 529, Bl. 42a, Wolfenbüttel, Herzog-August-Bibliothek, Ms. Guelf., Extrav. 300,1, Bl. 32b/33a und Kopenhagen, Ms. Thott 130 Bl 17a.

den *Alleluia*, die eigentlich *Gb* heißen müßte. Vehe gibt dann noch drei weitere Strophen, vermutlich von A. Querhammer. Die Abhängigkeit Vehes von der lutherischen Fassung der Melodie war hier insofern verhängnisvoll, als jene Ligatur *Gb* nach Richtigstellung des Druckfehlers durch Leisentrit auch in viele katholische Gesangbücher wanderte und das Verständnis der mittelalterlichen Weise mit ihrem Reprisen-Charakter — es muß natürlich an der Stelle die Ligatur *ac*[30] stehen — verbaute.

B. Bl. 32ᵛ [Dᵥᵢᵢᵢ] *Königin der hymmel* (ohne Noten); die Melodie dazu steht erst bei Leisentrit 1567[31]. Sie besteht aus Melodiephrasen des *Regina coeli*. G. Witzel bezeugt[32], daß dies Lied von den Laien unter dem *Regina coeli* gesungen wurde. Es handelt sich also um ein Lied aus der Zeit vor der Reformation.

7. Bl. 34 (Eᵢᵢ) ff. *Fraw von hertzen wir dich grüßen. Das teutsch Salue.* Text und Melodie aus dem 15. Jahrhundert waren vor Vehe nur aus hs. Überlieferung bekannt. Älteste Quelle ist die ehemals Tegernsee gehörende Hs. der Bayer. Staatsbibliothek cgm 716 aus der 1. Hälfte des 15. Jahrhunderts. Hier steht auf Bl. 204ᵛ/205ʳ (mit Melodie) der Text:

O Maria wir dich gruessen
kunigin d[er] parm̄hertzichait,
Vnser leben vnser hofnung
du seist grüesset vnser suessichait.
Zu dir wir schreien ellende kinder eue
i[n] dem iam[er]tal.
Zu dir wir seiften chlagunde vnd bainund[e]
in dysem zähertal.
Eya darumb seid du pist nun dye v̄nser v[ür]sprecherin
deine parm̄hertzige augen zu vns wende.
Vnd den hailer ih[esu]m crist
deines leibs gesegnete frucht
vns erzaig zw trost nach disem ellende.
O du senfte, O du guetige, O du süesse iunckfraw muter maria.

Noch einmal findet sich der etwas abgewandelte Text mit der gleichen Melodie in dem Cantional des Rektors Johann Greis von Benedikt-

---

[30] So in allen älteren Aufzeichnungen der Weise aus dem Mittelalter. Vgl. W. Lipphardt, Studien zur Musikpflege in den mittelalterlichen Augustiner-Chorherrnstiften des deutschen Sprachgebiets. In: Jb. des Stiftes Klosterneuburg 1970.
[31] Bäumker II, Nr. 9ⁱ; vollständig neumiert schon in der nddt. Fassung der Medinger Hs. Hannover, Niedersächs. Landesbibl. Ms. 73 (um 1450).
[32] Wackernagel II, Nr 973.

beuren aus dem Jahre 1479, Bayer. Staatsbibl. Clm 5023 Bl. 47[r]—48[r33]:
Das teusch Salue.

Fraw vo[n] hertzen wir dich grüessen
kunigin d[er] parmh[er]czigkait,
Vnsser leb[e]n vnser sůsse
vnser trôst d[er] grues ist dir perait.
Zu dir wir schreyen elle[n]de kinder
frawen eue[n] jamers qual.
Zu dir wir seuf[te]n clagende vn[d] wayne[n]t
i[n] dise[m] zächer tal.
Eya daru[m]b seit du pist vnser v[ür]sprechlich zů flucht
dei[n] parmh[er]czig aug[e]n zu vns wende
Vn[d] de[n] hailer Jh[esu]m crist
deines leibs gesegnete frucht
vns erzaig zů trôst nach dem ellende.
O du senfte, O du gütige. o du sůsse maria.

Ohne Melodie erscheint der Text dann, fast wörtlich mit Benediktbeuren übereinstimmend, in SIMPRECHT KRÖLLS Augsburger Liederhandschrift von 1516, heute Heidelberg UB, Cod 1094 (s. Wackernagel I, Nr. 672). Der Text und die Melodie [irreguläre Kontrafaktur der lat. *Salve regina*-Melodie] bei Vehe knüpfen ganz eng an die süddeutsche Tradition der genannten Handschriften an.

8. Bl 35 (E[iii]) *Dich fraw vom hymmel ruff ich an.* Dies war ein durch Einblattdrucke der Nürnberger Drucker W. HUBER (um 1510)[34] und J. GUTKNECHT (1515)[35] verbreitetes Meisterlied mit 4 Stimmen. Der Tenor zeigt schon in dem Einblattdruck bei Zeile II (IV), 6, bei VII, 2 und bei VIII (IX), 6 einige typische Fiorituren. Vehe hat diese mit Ausnahme von Zeile II (IV), 6 auch in der Melodie seiner Gesangbuch-Fassung. Erst A. REISSNER[36] gibt in seinem hs. Gesangbuch von 1553 eine echte Gemeindelied-Fassung ohne jede Verzierung zu dem Kontrafaktum *Den küng vom himel ruef ich an.* Zu Bedenken gibt das *b* in der 7. und 8. Zeile bei Vehe Anlaß, aber auch dieses steht schon im Einblattdruck. A. Reißner dagegen hat es nicht. Bei Vehe ist somit die Struktur der Melodie A B :‖ C D E ‖: B B :‖ doppelt gestört, einmal durch die Un-

[33] Faksimile bei K. S. MEISTER, *Das kath. deutsche Kirchenlied in seinen Singweisen,* Freiburg I. 1862, Tafel 5a.
[34] München, Bayer. Staatsbibl. Mus. pr. 2° 156, 13 (W II, Nr. 1030).
[35] Würzburg UB, Einblattsammlung. Derselbe Druck, nur mit dem Druckvermerk: *J. G. Xv.*
[36] W. LIPPHARDT, *Das wiedergefundene Gesangbuch-Autograph von Adam Reißner aus dem Jahre 1554,* Jb. f. Liturgik und Hymnologie 10, 1965, S. 75. — Ders., Jb. f. Volksliedforschung 12. Jg. 1967, S. 54.

regelmäßigkeiten der Fiorituren im Glied B und ferner durch den einge-
fügten Ton *b* in den beiden Schlußzeilen. Von den 7 Strophen des Ein-
blattdrucks, die auch in einer Hs. aus dem Jahre 1529 (Berlin 4° 659
s. Wackernagel I, S. 800 f.) stehen, hat Vehe nur die ersten drei über-
nommen, diese jedoch nur mit ganz geringen Abänderungen des Wort-
lautes [1. Str. *bit : sprich; gen : von; mein zuflucht ist allein : tröstlich
zuflucht hab ich*; 2. Str. *sinn : sind* [!]; *aus angst : vor angst; auch das
mir langst / het zu gebůrt : das mir vor langst / hett wol gebůrt; so hat
mich mein : hat mich doch*; 3. Str. *Die weyl dein sun dir nichts ver-
seyndt : dweyl dein kindt dir doch nichts versagt; recht : rew vnd fursatz
auff : fůrsatz ich uff*].

9. Bl. 44ᵛ [Fᵢᵥ] *In Gottes namen fahren wir.* Es ist die alte Kreuzfahrt-
leise, die schon im 13. Jahrhundert als Schlachtgesang und Lied auf der
Pilgerreise zu Schiff ins heilige Land, später überhaupt bei Pilgerfahrten
gesungen wurde. Wie die meisten anderen Leisen hatte das Lied zu-
nächst nur eine 4-zeilige Strophe mit dem Refrain *Kyrioleis.* Schon in
der ältesten Aufzeichnung des Textes aus dem Jahre 1422 (Cod. germ.
443, Bl. 13) gibt es eine Erweiterung von 7 Zeilen, die aber keinen stro-
phischen Charakter mehr hat, sondern eher als Erweiterung des Ref-
rains anzusehen ist. Noch aus dem 15. Jahrhundert stammt die älteste
Aufzeichnung der Melodie in den Trienter Codices (um 1460) in einem
8-stimmigen Satz[37]. Die von WACKERNAGEL I, S. 745 erwähnte Fassung
in dem Diskant eines Liederbuchs um 1513 der Musikabt. der Berliner
Staatsbibl. gibt vom Text nur den Anfang: *Gottes namen faren wi.*
Ohne die Tenorstimme ist sie für die Hymnologie bedeutungslos. Um so
wichtiger ist die posthum von HERMANN FINCK 1536 herausgegebene
Fassung HEINRICH FINCKS († um 1520)[38], sowie die Fassung THOMAS
STOLTZERS († 1526)[39]! Beide verbinden die alte Strophe mit dem erweiter-
ten Refrain:

> *Das helf uns der heilig Geist
> und die wahr Gottes Stimm,
> daß wir frölich varn von hin
> Kyrieleis[on]!*

Von den Gesangbüchern der Reformationszeit wird nicht der Text, wohl

---

[37] Cod. 89 (geschrieben um 1460). Abdruck in DTÖ VII S. 266—68 und bei H. J.
MOSER, *Die Kantorei der Spätgotik,* 1928. Hier hat nur die erste Melodiezeile Text;
die Melodie verlangt 5 Zeilen und das Kyrieleison.
[38] s. R. v. LILIENCRON, *Deutsches Leben im Volkslied* (1884), S. 383.
[39] s. W. LIPPHARDT, *Gesellige Zeit* 2 (1935), S. 5 ff.

aber die Weise übernommen, zuerst in den beiden Erfurter Enchiridien von 1524. Dazu singt man *Das sind die heiligen Zehn Gebot*[40], ein Strophenlied LUTHERS mit 12 Strophen, die alle einem Vierzeiler nur ein schlichtes *Kyrioleis* folgen lassen. Die Tatsache, daß sowohl die Erneuerung des alten Pilgerlieds durch Vehe 1537 als durch G. WITZEL (*Psaltes ecclesiasticus* Mainz 1550)[41] für ihre 12 bzw. 4 Strophen sich an diese vierzeilige Strophe mit dem Refrain *Kyrieleison* halten, läßt vermuten, daß sie die Melodiefassung der ältesten evangelischen Gesangbücher ihren Strophen zu Grunde legten, Witzel, um in drei ergänzenden Strophen, eine Paraphrase des mittelalterlichen erweiterten Refrains zu geben, Vehe, um eine in der Strophenzahl mit dem Lutherlied konkurrierende Neufassung vorzulegen, bei der jeweils die erste Zeile mit *In Gottes Namen fahren wir* begann. Es ist dadurch zu einem echten Litaneilied geworden. Ein Vergleich mit der Fassung der Melodie in den lutherischen Gesangbüchern, zeigt, daß Vehes Gesangbuch hier eigene Wege geht. Es zeichnet durch das ganze Lied *b* vor, kennt also nicht das *Hexachordum durum* im ersten Teil des Liedes wie Erfurt 1527, Klugs Gesangbuch (1529) 1533 und alle folgenden evangelischen Gesangbücher. Vehe hat dies Merkmal mit den Erfurter Enchiridien vor 1527 und mit den mittelalterlichen Versionen der Melodie, einschließlich Finck und Stoltzer, gemeinsam. Ferner gliedert sich die Melodie bei Vehe anders als die ältesten protestantischen Aufzeichnungen, wenn die Zeilenenden jeweils durch eine Brevis markiert werden; statt der rein syllabischen Struktur lockert sich der Fluß auf der Paenultima der 1. und 2. Zeile durch gebundene Minimen. Besonders wichtig aber scheint mir die perfekte Kadenz des *Kyrieleison*, die sich mit dem Kreisen der Wechseltöne um die Finalis vorteilhaft von der abrupten Art der Kadenz im Zehn-Gebotelied Luthers unterscheidet.

10. Bl. 47ᵛ [Fᵥᵢᵢ] ff. *Gott der vatter won vns bey*. Auch dies ist ein Litaneilied für Wallfahrten. Seine vorreformatorische Existenz wird durch folgende Überschrift bezeugt: *Gebessert vnd Christlich corrigirt von Dr. Martin Luther*[42]. Die Korrektur bestand offenbar darin, daß in dieser Litanei nur der Anfang mit der Anrufung der heiligen Dreifaltigkeit und einem neuen Refrain Luthers stehen blieb, das übrige aber, eine ausgedehnte Allerheiligen-Litanei, getilgt wurde. Diese vollständige Litanei, welche noch beliebig durch Anrufungen erweitert werden kann, bietet Vehes Gesangbuch. Auch im Refrain hat man hier offenbar den von Luther geänderten mittelalterlichen Text wieder hergestellt:

---

[40] Wackernagel III, Nr. 22; Zahn, Nr. 1951.
[41] Wackernagel II, Nr. 680.
[42] F. M. BÖHME, *Altdeutsches Liederbuch*, 1876, S. 682. Wackernagel III, Nr. 24.

Vehe:	Luther (nach Wackernagel III,24):
Vor dem Teuffel vns behůt	*Fůr dem teuffel vns bewar,*
Durch einen rechten glauben,	*hallt vns bey festem glauben*
Bewar vns vor der hellen glut	*vnd auff dich las vns bawen,*
Durch ein hertzlichs v[er]trawen.	*aus hertzem grund vertrawen,*
wir befelhen vns dir gar	*dyr vns lassen gantz vnd gar*
in aller vnser nodte/	*mit allen rechten Christen*
Das du vns behůtten wolst	*entfliehen teuffels listen,*
vor de[m] ewigen todte.	*mit waffen Gotts vns fristen*
Kyrieeleyson. Christeeleyson.	*Amen, Amen, das sey war*
Gelobet seystu ewicklich.	*so singen wir: Alleluia.*

Luthers Schluß: *so singen wir: Alleluia* entstammt sicher auch der mittel-
alterlichen Version, wie sie schon im Petrusruf München, Bayer. Staats-
bibl. Cod. germ. 444 Bl. 13[43] und ebenso in dem veränderten Refrain
bei den Heiligenanrufen in Vehes Gesangbuch steht. Ein besonderes
Problem bietet die Melodie bei Vehe. Die 4 Zeilen der Anrufung sind
bei Vehe und WALTER 1524 in den Noten gleich, bis auf die 1. Note der
2. (4.) Zeile, die bei Vehe nicht *c* sondern *d* heißt. ZAHN Nr. 8507 ver-
verzeichnet diese Änderung erst von Babsts Gesangbuch ab 1545. Aber
Vehe hat sie nicht aus sich, sondern stützt sich wohl auf eine ältere Über-
lieferung, die schon WEISSE 1531[44] benutzte, der wiederum auf tschechi-
sche Vorlage aus dem Anfang des 16. Jahrhunderts (1505, 1519) zu-
rückging[45].
Die 10 Zeilen des Refrains sind nun bei Vehe so gegliedert, daß sich die
Melodie der ersten vier Zeilen bei Zeile 5—8 wiederholt. Das gleiche ge-
schieht auch bei der lutherischen Fassung. Nur ist die Melodie dann ver-
schieden von der bei Vehe. Es fehlt z. B. bei Walter 1524 die Drei-
klangsbewegung *a c a F* zu Beginn der 1. (5.) Zeile des Refrains, die
PRÄTORIUS 1607 als thüringische Variante bezeichnet, die aber auch in
dem erwähnten Lied Weißes von 1531 am Anfang der 5. Zeile steht
(eine Wiederholung ist bei Weiße nicht vorgesehen). Spitzenton der
zweiten Refrain-Zeile ist bei Vehe nicht *g* wie bei Walter 1524, son-
dern *f*. Auch darin entspricht trotz aller Varianten Vehe der Fassung,
die auch die böhmischen Brüder 1531 haben. Erst in der dritten Zeile
nähert sich Vehe mit dem Anstieg *c c f* der Walterschen Fassung *F c f*,
geht aber dann in der 4. Zeile, 2. Note auf *G* herab, eine Wendung, die
sich nach Prätorius noch 1607 in der Marck findet und die auch schon
bei Weiße 1531 nachzuweisen ist. Der dann folgende Kyrie-Ruf ist bei
Vehe gebildet aus der 1., bzw. 5. Zeile des Refrains der Fassung bei Wal-

---

[43] Wackernagel II, Nr. 684.
[44] Zahn, Nr. 6364.
[45] C. SCHOENBAUM, JbLH 3, 1957 S. 57: »Notengetreue Übernahme des *Povstaň
Pane, o povstaň* von Bischof Lukas (1505, 1519) 1541.«

ter 1524, ebenso das *Amen, amen* in der lutherischen Fassung. Diese Inkonsequenz ist entweder dadurch zu erklären, daß Vehe die Melodie des Rufes nicht mehr geläufig war und er sich deshalb an dieser Stelle auf die lutherische Fassung stützte, oder dadurch, daß Walter bei der 1. Zeile des großen Refrains, sich schon der Melodie des Rufes am Ende bediente. Der Fassung Weißes fehlt leider dieser Schluß. Auf jeden Fall aber ist die Fassung Vehes textlich und vor allem melodisch näher an der auch durch Weiße 1531 bezeugten mittelalterlichen Überlieferung als die Fassung der lutherischen Gesangbücher.

11. Bl. 49^v [G$_i$] — 40^v [richtig 50^v] [G$_{ii}$] *O ewiger vatter biß gnedig vns* — eine Leise, die gleichzeitig Litaneilied ist (von der vierten Strophe an wird jeweils nur die erste Zeile im Text geändert). Text und Melodie gehören sicher zu einem mittelalterlichen Ruf. Noch bei CORNER 1625 heißt die Überschrift: *Ein ander alt Catholischer Rueff oder Bittlied . . . welchen die gemaine Leuth in Oesterreich anstatt einer Litaney singen.*

12. Bl. 53^v [G$_v$] f. *Nu bitten wir den heyligen geyst.* Diese Pfingstleise, die schon im 13. Jahrhundert in einer Predigt des BERTHOLD VON REGENSBURG erwähnt wird[46], besaß vor 1524 nur eine Strophe, die als erste Strophe bei WALTER 1524[47], bei Vehe und bei WITZEL 1550[48] textlich kaum Unterschiede von der mittelalterlichen Fassung aufweist. Luther hat 3 Strophen neu hinzugedichtet. So läßt auch Vehe [vermutlich durch C. QUERHAMMER] 3 neue Strophen hinzudichten, die zu Luthers Strophen im Verhältnis der Parodie stehen. In der Melodie hält sich Vehe genau an die Fassung, die zuerst in Klugs Gesangbuch (1529) 1533 abgedruckt wurde. Sie unterscheidet sich von der ältesten lutherischen Fassung (Walter 1524) durch wichtige Varianten in der 1., 2., 4. und 5. Zeile.

13. Bl. 44 [richtig 54!] [G$_{vi}$] ff. *Kom heyliger geyst Herre Gott.* Dies ist eine schon im 15. Jahrhundert in mehreren Hsn. verbreitete Reimparaphrase zu einer lat. Antiphon des 11. Jahrhunderts. Sie findet sich in dem Ebersberger Cantional von 1470 (Cgm 6034)[49], in der schon erwähnten Tegernseer Hs. aus dem Anfang des 15. Jahrhunderts (Cgm 716)[50] und ohne Noten im Baseler *Plenarium* von 1514[51].

Alle vorreformatorischen Fassungen halten sich an die reich melismatische Fassung, die man bei Klug (1529) 1533 wieder findet. Auch Vehe hat diese ältere Fassung, nicht die vereinfachte J. Walters 1524 und der

---

[46] Wackernagel II, Nr. 43.
[47] Wackernagel III, Nr. 28.
[48] Wackernagel II, Nr. 44.
[49] R. STEPHAN, *Die Lieder der Ebersberger Handschrift*, jetzt Clm 6034 in: JbH L 2, 1957, S. 103.
[50] Wackernagel II, Nr. 986 (links).
[51] Wackernagel II, Nr. 987.

Erfurter Enchiridien (Zahn 7445a). Vehe hat Klug (1529) 1533 offenbar als direkte Vorlage benutzt, von der er nur an einer Stelle abweicht: in der vorletzten Zeile haben die älteren Fassungen als dritte Note eine Brevis *G*, diese fällt fort, statt dessen wird die Semibrevis *a* aus der Binaria des nächsten Wortes *Herr auf dir* placiert (diese Variante beruht sicher darauf, daß bei Klug 1533 an dieser Stelle beim Seitenumbruch zwei Noten fehlen: *F* und *G*). An Stelle der zwei zusätzlichen Strophen Luthers stehen wieder zwei Parodie-Strophen auf Luthers Text.

14. Bl. 55ᵛ [Gᵥᵢᵢ] ff. *Mein zung erklyng vnd frólich syng.* Dies ist eine Übersetzung des Hymnus *Pange lingua,* die zuerst in einer Inkunabel des Jahres 1494 steht, deren Titel lautet: *Vslegunge der hymbs ‖ nach der zitt des ganczen iares . . .* 1494[52]. Eine Variante dieser Übersetzung bietet TRITONIUS im Sigmundluster Hymnar von 1524[53]. Ein Jahr später (1525) wird der Text von 1494 in einem Erfurter, Breslauer und Nürnberger Gesangbuch auch von lutherischen Gesangbüchern übernommen[54]. Klug (1529) 1533 hat das Lied nicht. Erst durch Babst 1545 wird es dann im lutherischen Bereich weiter verbreitet[55]. Der Text bei Vehe stimmt in den meisten Abweichungen vom originalen Text mit den lutherischen Gesangbüchern des Jahres 1525 überein. Er hat also eines derselben als Vorlage benutzt. Nur an zwei Stellen hat er eigene Fügungen des Textes: 4,1—2 heißt in den lutherischen Gesangbüchern: *Fleisch aus worten vnd wares brod/ ward aus wort zu fleisch gemacht.* bei Vehe: *Das wort war fleiysch vnd hatt das brodt/ mit seym wort zu fleysch gemacht.* 5,5—6 heißt in der lutherischen Fassung: *Der glaub leren/ macht uns mehren/ was vnser sinn nicht haben erkendt,* bei Vehe dagegen: *Vnser glauben den wir haben/ soll erstatten vnsern verstandt.* — Die Melodie stellt sich schon in den Gesangbüchern von 1525 als eine Vereinfachung der bekannten Melodie des Fronleichnamshymnus *Pange lingua* dar[56]. Auch Vehe hält sich an diese Vorlage, unterbricht aber das syllabische Gleichmaß der Semibreven in der zweiten Zeile durch eine Synkope. Hinter *ding* fehlt eine Semibrevis-Pause (auch 1567). Durch Dislokation in der 4. Zeile erscheint eine Note *a* zuviel, die Paenultima der 5. Zeile hat sonst immer Brevis-Wert. In der letzten Zeile hält sich Vehe an die Ligaturen der Choralmelodie, während die lutherischen Fassungen nur eine dreitönige Ligatur auf *Völ-(ker)* zulassen.

---

[52] Wackernagel II, Nr. 570.
[53] Wackernagel II, Nr. 1364.
[54] In den Lesarten bei Wackernagel II, Nr. 570.
[55] s. Faksimile-Ausgabe II, Nr. XXIII.
[56] s. Zahn, Nr. 3682a.

15. Bl. 46^v [richtig 56^v!] [G$_{viii}$]f. *Jesus Christus vnser Heyllandt.* Das ist eine Übersetzung der böhmischen, dem JOHANNES HUS zugeschriebene[57] Cantio: *Jesus Christus nostra salus.* Diese hat 10 Strophen[58]. Die gleiche Zahl der Strophen hat LUTHER in seinem *Jesus Christus vnser Heiland, der von uns,* ohne daß diese Strophen direkte Übersetzung wären. Vehe bietet die ungewöhnliche Zahl von 22 deutschen Strophen, doch hat schon BÄUMKER erkannt[59], daß Strophe 6—19 eine apologetische Interpolation Querhammers sind. Aber auch die nicht zur Interpolation gehörenden 8 Strophen sind keine direkte Übersetzung der lateinischen Cantio, wohl aber älter als die Lutherschen Strophen. Zu der bei Vehe aufgezeichneten Melodie gibt es noch keine genauere Untersuchung. Doch steht soviel fest, daß sie eine vereinfachte Fassung der Cantio-Melodie der böhmischen Hsn. Hohenfurth 42 und Jistebnitz Bl. 58—9 ist, die in dieser Fassung weder bei Weiße, noch bei Luther, aber auch nicht in der böhmischen Überlieferung zu finden ist[60].

16. Bl. 49 [richtig 59] [H$_{iii}$] f. *Gott sey gelobet vnd gebenedeyet.* Die von Luther vereinigten Alternatimstrophen dieser Leise zum *Lauda Sion*[61] lagen Vehe in der Fassung des Klugschen Gesangbuchs (1529) 1533 vor, die er im genauen Wortlaut der ersten Strophe und mit notengetreuer Fassung der Melodie übernahm[62]. An Stelle der von LUTHER ergänzten zwei Strophen hat Vehe vier neu gedichtete Strophen, von denen jede mit der Zeile *Gott sey gelobet vnd gebenedeyet* anfängt.

17. Bl. 59 [richtig 69!] [J$_v$] f. *Mitten wir im leben synt.* Diese Reimparaphrase des *Media vita,* die wir nach Salzburger Hsn. bis in das Jahr 1456 zurückverfolgen können[63], steht bei Vehe genau in der Fassung, die wir schon bei WALTER 1524 in Wittenberg finden, auch der Text der 1. Strophe zeigt keine Abweichung. Dagegen sind Luthers 2 Ergänzungs-

---

[57] Nach C. SCHOENBAUM, a. a. O., S. 51 ist diese Zuschreibung fraglich. Hus habe (allem Anschein nach) nur den tschech. Text *Otče Bože všemohúcí* gedichtet. Dabei ist allerdings von Schoenbaum nicht beachtet, daß die 12 Strophen der lat. Cantio mit dem Akrostichon *JOHANNES OC* gerade auf Johannes Hus hinweisen.

[58] Wackernagel I, Nr. 367 (nach Cgm 716).

[59] W. BÄUMKER I, S. 714.

[60] Hierzu die Melodievergleichstabelle bei C. SCHOENBAUM, a. a. O., S. 50, mit den Melodiefassungen von Jistebnitz um 1420, Weiße 1531 und einer tschech. Fassung von 1541. Dazu gehören auch noch die Fassungen aus Hohenfurth 1410 (abgedruckt bei G. DREVES, *Analecta hymnica* I, S. 192 f.) und Cgm 716, Bl. 177.

[61] W. LIPPHARDT, *Ein Mainzer Processionale (um 1400) als Quelle deutscher geistlicher Lieder.* In: JbLH 9, 1964, S. 116 ff.

[62] s. Faksimile-Ausgabe des Klugschen Gesangbuchs, Kassel 1954, Bl. 29^v.

[63] s. W. LIPPHARDT, »*Mitten wir im Leben sind*«. Zur Geschichte des Liedes und der Weise. In: JbLH 8, 1963, S. 99—118; ders. *Die älteste Quelle des deutschen »Media vita«, eine Salzburger Handschrift vom Jahre 1456.*

strophen durch zwei neue parodierende Strophen (C. Querhammers?) ersetzt.

18. Bl. 65—69 [richtig 75—79!] [K_ii—K_viii] *Ave durchleuchte stern.* Hier bringt Vehe 1537 die Sequenz *Ave praeclara* in der Übersetzung des SEBASTIAN BRANT (in der Ausgabe von 1567 fortgelassen). Als Vorlage stand Vehe ein Einblattdruck des Tübinger Druckers T. ANSHELM 1511—1516[64] mit Noten (Hufnagelnotation) zur Verfügung, den Wolrab genau nachdrucken mußte.

Zu diesen 18 Gesängen kommt in dem Nachtrag WITZELS noch folgendes Lied (ohne Noten):

19. *Da Jhesus an dem Creutze stundt,* das Stundenlied von der Passion Christi. Witzels Text bietet eine völlig neue Variante neben drei bisher bekannt gewordenen Texten vor 1537, der Fassung Wien, Nat.-Bibl. Ms. 3027 von 1494[65], dem Einblattdruck aus dem Anfang des 16. Jahrhunderts[66], dem Text der 7 Strophen in der Choralmotette Senfls in einer Münchener Musikhs. aus dem Jahre 1520[67].

Überblickt man diese 19 älteren Lieder in Vehes Gesangbuch, so läßt sich folgende wichtige Feststellung über Vehes Verhältnis zu seinen Quellen machen. Für die älteren Gesänge hielt sich Vehe meist an die Fassung des Klugschen Gesangbuchs, war aber darauf bedacht, Ergänzungsstrophen Luthers meist durch neue Strophen seines Dichters C. QUERHAMMER zu ersetzen. In dieser Abhängigkeit steht er bei den Nr. 3, 4, 5, 12, 13, 16 und 17. Daneben kamen nur noch wenige vor 1537 gedruckte Quellen als Vorlagen in Frage, so für Nr. 8 und 18 der obigen Reihe Einblattdrucke aus dem Anfang des 16. Jahrhunderts. In einem Falle, der oben nicht erwähnt wurde, macht Vehe auch bei den Straßburgern eine Anleihe, nämlich in der Melodie der 7-zeiligen Strophe, die er gleich am Anfang (Bl. 3) dem *Vater vnser* vorausschickt: *Vnser zuflucht o Gott du bist.* Hier handelt es sich um die Straßburger Weise zu Luthers *Aus tiefer Not schrey ich zu dir*[68]. M. JENNY hat nachgewiesen[69], daß die älteste chorale Aufzeichnung Straßburg 1525 »offensichtlich verderbt« ist. Die Berichtigung ergab sich erst aus der Mensurierung, die in Straßburg nicht vor 1545, dagegen in Konstanz schon um 1536 eintrat. Drei Jahre später legt CALVIN die gleiche Weise in Mensurierung

---

[64] Nach dem Verzeichnis der Tübinger Drucker bei J. BENZING, a. a. O., S. 435 ff. kommt für den Einblattdruck S. Brants (Wackernagel II, Nr. 1333) nur dieser Drucker in Frage.
[65] Faksimile der ältesten Quelle bei F. BLUME, *Geschichte der evangelischen Kirchenmusik,* Kassel 1965, Abb. 1.
[66] Wackernagel II, Nr. 1327.
[67] *Erbe deutscher Musik,* RD Bd. 10, 1938, Nr. 33 (S. 43 ff.; S. 130 und S. 140).
[68] Zahn, Nr. 4438.
[69] M. JENNY, a. a. O., S. 199. Es handelt sich um die nur als Fragment erhaltene 2. Auflage des Konstanzer GBs.

dem Psalm 113 in seinem französischen Gesangbuch von 1539 zu Grunde[70]. Calvin hat diese Mensurierung aus der zweiten Auflage des Konstanzer Gesangbuchs 1536/37[71]. Daß auch Vehe sie von dort hat, ist zumindest wahrscheinlich. Vehes Aufzeichnung weist nur einen rhythmischen Fehler auf. Er hat die Notenwerte verkürzt, die Semibrevis (in Konstanz 1536/37, Calvin 1539) ist also bei ihm stets eine Minima. Er hat aber nicht beachtet, daß dann auch die Breven am Schluß der Zeilen zu Semibreven werden müssen. Auch die erste Note müßte statt einer Brevis eine Semibrevis sein. Babst 1545 hat in seinem Gesangbuch dieselbe Verkürzung; der Notator verfällt dabei in denselben Fehler, läßt aber durch Auslassung von Pausen und willkürliche rhythmische Veränderungen, die richtige rhythmische Gestalt der Weise bei weitem nicht so deutlich werden wie Vehe[72]. Ganz fehlerfrei bietet sich die Weise uns nur in der Notation des Konstanzer Gesangbuchs 1536/37 ff.[73]. Das aber ist die zweite Auflage jenes Gesangbuchs, aus dem zuerst Vehe, dann Calvin ihre Fassung der Weise nahmen. Daß auch noch andere Gesangbücher der Reformation Vorlage für Vehe waren, zeigt Nr. 14, wo die gemeinsamen Varianten gegenüber der Inkunabel die Abhängigkeit von Erfurt, Nürnberg oder Breslau verraten[74]. Es bleiben also nur 8 Stücke übrig, wo Vehes Gesangbuch entweder im Text wie bei Nr. 1, 2, 6 und 19, in der Melodie wie bei Nr. 9, oder in Text und Melodie, wie bei Nr. 7, 10, 11 und 15, eigene Wege geht. Da es nun in all diesen Fällen um vorreformatorische Lieder geht, kommt hier der Aufzeichnung in Vehes Gesangbuch primärer Quellenwert zu.

Mindestens 32 Texte des Veheschen Gesangbuchs sind völlig neu, die Zahl der neuen Melodien beträgt genau 31. Hier rechnen wir auch jene Stücke mit, die als Prosavertonungen anzusehen sind wie:

1. Bl. 3 [Aiii]   *Vater vnser der du bist*
                   (völlig freie Vertonung im jonischen Modus)[75]
2. Bl. 4 [Aiiii]   *Gegrůsset seyst du, Maria*
                   (völlig freie Vertonung im jonischen Modus)[76]
3. Bl. 4ᵛ   *Vater vnser der du bist*
                   (völlig freie Vertonung im phrygischen Modus)[77]

---

[70] *Aulcuns Pseaumes et Cantiques...*, Straßburg 1539; Faks.-Ausg. Genf 1919, S. 40.
[71] M. Jenny, a. a. O., S. 199.
[72] s. die Faks.-Ausgabe des Babstschen Gesangbuchs, Kassel 1966, B₁ (Nr. VI des 2. Teils).
[73] s. die Faks.-Ausg. des Konstanzer Gesangbuchs von 1540, Zürich 1946, S. CI.
[74] s. Wackernagel II, Nr. 570.
[75] s. W. LIPPHARDT, *Michael Vehe und das erste katholische Gesangbuch* (1537). In: Musik und Altar 9, 1956/57, S. 49.
[76] ebda. S. 49.
[77] ebda S. 48

4. Bl. 5ᵛ [Aᵥ] *Ich glaub in Gott vatter*
          (vermutlich frei vertont)[78]
5. Bl. 9ᵛ [Bᵢ] *O Gott wir loben dich*
          (nach dem *Te Deum* des Chorals, im Anschluß an Th.
          Müntzer 1524)[79]
6. Bl. 30 [Dᵥᵢ] *Dangk sagen wir alle*
          (nach der Weihnachtssequenz *Grates nunc omnes*)[80].

Genau die Hälfte aller Stücke besteht aus Liedern, die für das Gesang-
buch als Text und in den meisten Fällen auch mit Melodie neu geschaf-
fen wurden. Als Dichter nennt Vehe in der Vorrede zwei Männer, die
ihm diese neuen Texte geliefert haben, den Bürgermeister CASPAR QUER-
HAMMER aus Halle[81] und einen »*andern gutherzigen Christen*«, womit er
sicher GEORG WITZEL meint. Da dessen Lieder am Schluß unter seinem
Namens-Monogramm *G. W.* stehen, wird man, wie das bisher auch
WACKERNAGEL und BÄUMKER getan haben, alle andern nicht »*von den
Alten*« stammenden Liedtexte C. QUERHAMMER zuschreiben. Auch jene
in Konkurrenz mit Luther geschaffenen Zusatz-Strophen zu älteren Lie-
dern werden von ihm stammen. Die verschiedene Herkunft der Texte in
Vehes Gesangbuch spiegelt sich in einer drucktechnischen Spezialität, die
offenbar dadurch verursacht wurde, daß der Drucker seine Zeileneintei-
lung nicht gleichmäßig durchführte, sondern genau so, wie er es in den
Manuskript-Vorlagen fand. Danach wurden alle neuen Texte — also die
Texte Querhammers — mit abgesetzten Zeilen gedruckt, ein Verfahren,
das meines Wissens in einem einstimmigen Gesangbuch bei Vehe zum er-
sten Mal angewendet wird. Alle lutherischen Gesangbuchdrucke — mit
Ausnahme des mehrstimmigen Wittenbergisch Gesangbüchlein — schrei-
ben den Text der einzelnen Verse, ohne abzusetzen. In Vehes Gesangbuch
gibt es das auch, nämlich bei allen von WITZEL beigesteuerten Texten,
sowie bei Liedern älterer Herkunft. Schon WACKERNAGEL hat bei seiner
Beschreibung des Gesangbuchs (Bibliographie S. 143) diese Inkonsequenz
des Druckers bemerkt, aber noch keine Folgerungen daraus gezogen.
Schwieriger als bei den Texten ist es, die Herkunft der Melodien zu be-
stimmen. Die Vorrede betont ausdrücklich, daß auch C. QUERHAMMER

---

[78] ebda. S. 50.
[79] Angelehnt an den Text Th. MÜNTZERS, Teutsches Kirchenampt 1524 (Hdb. der ev.
Kirchenmusik Bd. I. Altargesang Nr. 502), aber mit eigener Adaption an die Choral-
melodie und mensuriert, während Müntzer choraliter aufzeichnet.
[80] Keine Anknüpfung an vorausgehende Texte der Reformation (Müntzer 1524 s.
Zahn 8619a), *Enchiridion*, Leipzig bei M. Blum (um 1530) Eᵢᵢᵢᵛ.
[81] C. QUERHAMMER war seit 1534 Bürgermeister von Halle. Als im Jahre 1546 in der
Stadt Unruhen ausbrachen, verfiel er als Gegner Luthers der Volksrache. Er wurde
nackend in seinen Brunnen gehängt und gemartert (Döllinger, Reformation I, 530 ff.).

»etliche« von den neuen Melodien »gemacht« habe. Daneben aber nennt sie *die wirdigen Herren*, die *»in der Musica berůmpten meister Johanne Hoffman vnd Wolffgango Heintzen, des Hochwürdigsten durchlauchtigsten vnd hochgebornen Fürsten vnd Herrn/ Herrn Albrechten der heyligen Roṁ. kirchen Cardinals Ertzbischoff zu Meyntz vnd Magdenburg etc. meines gnedigsten Herren, kunstreichen organisten.«* W. HEINTZ war, obwohl Luther nahestehend, bis 1541 Domorganist des Kardinals in Halle und Magdeburg[82], der sonst unbekannte J. HOFFMAN war wohl sein Mitorganist in Halle[83]. Der Anteil von Querhammer, Hoffman und Heintz an den einzelnen Melodien in Vehes Gesangbuch läßt sich nicht mehr ausmachen. Die folgende Tabelle gibt eine genaue Übersicht über Strophenform, Ambitus und Modus der Melodien[84], die Art der Mensur-Vorzeichnung[85], sowie über die Behandlung der Auftakte im Melodieanfang.

	Strophe	Finalis	Ambitus	Auftakt
1. *Vnser Zuflucht o Gott du bist (2. Mel.)*	‖: 8 8 :‖ 8 8 8 8	E	e–C	¢ □ | ◇ ◇
2. *Das synt die heylgen X. gebot*	8 8 8 8 ‖ *5*[86]	c	g–G	– ◊ | ◇ ◇
3. *Mein wort o Herr zu oren nym*	‖: 8 7' :‖ 8 8 7'	D	e–D	¢ □ | ◇ ◇
4. *Mit hertz vnd mundt ich loben wil*	‖: 8 8 :‖ 8 8 8 8	G	d–D	– ◇ | ◇ ◇
5. *O heylger Gott erbarm dich mein*	‖: 8 8 :‖ 8 8 8 8	a	e–E	¢ ◇ | ◇ ◇
6. *Ach Herr dein ohren neyg zu mir*	‖: 8 8 :‖ 8 8 8	a [b]	f–F	– □ | ◇ ◇

---

[82] W. HEINTZ, geb. um 1490, † in Halle 1552. Bis zum Jahre 1540 war er Organist des Kardinals. 1541 wird er vom Rat der Stadt Halle aufgefordert, nachdem der Kardinal die Stadt endgültig verlassen hat, »den musikalischen Teil des Vorentwurfs einer nunmehr ev. Kirchenordnung zu betreuen«. Seit 1541 lassen sich enge Beziehungen Luthers zu W. Heintz nachweisen; s. MGG VI, Sp. 83—86.

[83] Über J. Hoffmann gibt es bisher keinerlei Daten und Nachweise. H. J. MOSER nimmt an, daß er mit W. Heintz den Organistendienst im Dom und bei Hof in Halle versah (MGG VI, Sp. 84).

[84] Nach der Tabelle gehören zum dorischen Ton (I. Kirchenton): Nr. 1, 10, 13, 14, 20; zum hypodorischen (II. Kirchenton): Nr. 5, 18, 24; zum phrygischen (III. Kirchenton): Nr. 1, 7; zum hypophrygischen (IV. Kirchenton) Nr. 6; zum lydischen (mit Hexachordum molle = ionisch): Nr. 9, 11, 15, 17, 19, 21, 23; zum hypolydischen (VI. Kirchenton): Nr. 2, 22, 25; zum mixolydischen (VII. Kirchenton): Nr. 16; zum hypomixolydischen (VIII. Kirchenton): Nr. 4, 8.

[85] Das Fehlen des Mensurzeichens wird durch — gekennzeichnet.

[86] Bei Refrainzeilen ist die Silbenzahl kursiv.

7. *Erbarm sich vnser Gott*‖: 8 7' :‖ 8 7' 8 7' 7' *d[er] Herr* (1. Mel.)		E	e–C ¢ ▢ | ◇ ◇
8. dasselbe (2. Mel.)		G	d–D – ▢ | ◇ ◇
9. *Wer da wonet vnd sich enthelt*	‖: 8 7' :‖ 8 8 8 8	F [b]	f–F ¢ ◇ | ◇ ◇
10. *Die menschen warlich selig*	‖: 8 8 :‖ 8 8 8 8	D	e–D – ◇ | ◇ ◇
11. *Auß hertzem grund*	‖: 8 7' :‖ 8 8 7'	F [b]	c–C – ▢ | ◇ ◇
12. *In diser zeyt*	‖: 8 4 8 4 :‖ 8 4 8 4 8 4 4 4[86]	F [b]	f–F ¢ ▢ | ◇ ◇
13. *Mein sele macht den Herren* (1. Mel.)	‖: 8 8 :‖ 8 8 8	D	c–C ¢ ▢ | ◇ ◇
14. dasselbe (2. Mel.)		D	d–C ¢ ▢ | ◇ ◇
15. *Gelobet sey Gott vnser Herr*	‖: 8 8 :‖ 8 8 8	F [b]	f–F – ▢ | ◇ ◇
16. *Als Maria nach dem gesatz*	‖: 8 8 :‖ 8 8 ‖: 8 :‖	G	f–G ¢ ◇ | ◇ ◇
17. *Wir sollen all dangk sagen*	‖: 8 8 :‖ 4 4 4 8 8	F [b]	d–F – ▢ | ◇ ◇
18. *O Jesu Christe Gott vnd Herr*	8 8 8 8	a	e–G ¢ ◇ | ◇ ◇
19. *Als Jesus Christus vnser Herr*	‖: 8 8 :‖ 8 8 8	F [b]	f–F – ▢ | ◇ ◇
20. *O Gott vatter dangk sag ich dir*	‖: 8 8 :‖ 8 8 8 8 8	D [b]	c–D – ▢ | ◇ ◇
21. *Gelobet sey Gott ewiglich*	‖: 8 4 8 4 :‖ 8 4 8 4 8 4 ‖: 8 4 :‖[86]	F [b]	f–E – ▢ | ◇ ◇
22. *Als Jesus Chrisus vnser Herr*	‖: 8 8 :‖ 8 8 8[87]	c	g–G ¢ ◇ | ◇ ◇
23. *Sobald der mensch*	‖: 8 7' :‖ 8 8 7' 8 8 7'	F	c–C – ◇ | ◇ ◇
24. *Ach lieber Herr ich bytte dich*	‖: 8 8 :‖ 8 8 8	a	e–E ¢ ▢ | ◇ ◇
25. *O wie groß ist die selickeit*	‖: 8 8 :‖ 8 8 8[87]	c	g–G – ◇ | ◇ ◇

---

[87] Hier hätte von der 1. Strophe her nahe gelegen, das Strophenschema ‖: 8 8 :‖ 8' 8' 8' einzusetzen, dann hätte die zweite Strophe ‖:8 8 :‖ 8 8 8', die dritte ‖: 8 8' :‖ 8' 8' 8', die vierte ‖: 8' 8 :‖ 8' 8' 8 als Strophenschema haben müssen. Solche

Die Strophenschemata in vorstehender Tabelle gestatten einige Bemerkungen über die formalen Fähigkeiten und Möglichkeiten des Dichters C. QUERHAMMER — die Dichtungen WITZELS lehnen sich an die älteren Schemata von Hymnen an und sind deshalb in der Tabelle nicht berücksichtigt. Nur zweimal, bei Nr. 2 und Nr. 18, haben wir einen schlichten auftaktigen Vierzeiler. Bei Nr. 2, dem Zehn Gebote-Lied, wird die Strophe durch den Kyrieleison-Refrain geschlossen. Das veranlaßte BÄUMKER, dieses Lied zu den älteren Liedern aus dem Mittelalter zu zählen. Da aber die Melodie durchaus den neuen Stil zeigt, ist es wahrscheinlicher, daß Vehe als Gegenstück zu Luthers Lied gleichen Anfangs bei C. Querhammer eine neue Dichtung und dazu bei seinen Musikern eine neue Melodie bestellte.

Alle andern Strophenschemata halten sich an die Barform mit zwei Stollen und Abgesang. An Verszeilen gibt es nur 8-silbige auftaktige Zeilen und in Kombination damit die auftaktige 7-silbige Zeile mit klingendem Schluß. Viersilbige Zeilen kommen nur als *Alleluia-Refrain* in Nr. 12 und Nr. 21 vor, als selbständige Reimzeilen in Nr. 17.

Vorbilder für die einzelnen Schemata hatte Querhammer:

für den Siebenzeiler ||: 8 7' :|| 8 8 7' (Nr. 3 und 11) in vielen der alten Vagantenzeilen nachgebildeten Liedern Luthers (z. B.): *Nun freut euch lieben Christen gmein, Ach Gott vom Himmel sieh darein* u. a. [s. Zahn 4427 —53], für den Siebenzeiler ||: 8 8 :|| 8 8 8 (Nr. 6, 13, 15, 19, 22, 24, 25) offenbar die Lieblingsstrophe Querhammers, ist vor Vehes Gesangbuch weder in geistlichen, noch in weltlichen Liederbüchern ein Vorbild zu finden,

für den Achtzeiler ||: 8 7' :|| 8 8 8 8 (Nr. 9) gilt das Gleiche,

für den Achtzeiler ||: 8 8 :|| 8 8 8 8 (Nr. 1, 4, 10, 16) hatte Querhammer das Vorbild des Lutherschen Psalmliedes *Erbarm dich mein o Herre Got* (Walter 1524),

für den Neunzeiler ||: 8 7' :|| 8 7' 8 7' 7' (Nr. 7) gab es das Vorbild des Lutherliedes *Es wollt uns Gott genedig sein,* von dem auch die 1. Mel. bei Vehe den Anfang nimmt,

für den Neunzeiler ||: 8 8 :|| 4 4 4 8 8 (Nr. 17) schließt sich an das Schema des vorreformatorischen Marienliedes *Dich Frau vom Himmel ruf ich an,*

für den Zehnzeiler ||: 8 7' :|| 8 8 7' 8 8 7' gibt es als Vorbild vor 1537 zwei Lieder der Straßburger (Zahn Nr. 7662 und 7663), darunter das bekannte *An Wasserflüssen Babylon* (beide 1526),

---

Unregelmäßigkeiten bezeugen aber nur, daß der Dichter nicht (wie der Musiker!) an klingende Schlüsse dachte, sondern daß er er nur Silben zählte und nicht einmal in der Kadenz die Akzente beachtete. Das gleiche gilt für Nr. 25.

für den Fünfzehnzeiler ‖: 8 4 8 4 :‖ 8 4 8 4 8 4 4 gibt es vorher ebensowenig ein Beispiel wie für den Achtzehnzeiler ‖ 8 4 8 4 :‖ 8 4 8 4 8 4 ‖: 8 4 :‖. Die Metrik Querhammers ist bedingt durch das silbenzählende Verfahren der Zeit. Sie setzt zwar überall das auftaktige musikalische Metrum voraus, bringt dabei aber die auch sonst üblichen Verstöße gegen die natürliche Akzentuierung. Überzählige Silben kommen in einzelnen Zeilen vor, halten sich aber in geringen Grenzen. Bei weiblichen Endungen Querhammers finden sich auch solche, die in den achtsilbigen auftaktigen Versen stehen, sie sind streng zu scheiden von den normalen klingenden Versen mit 7 Silben. Versbilder wie diese:

Vierzíg tag blíeb er béi ihnén
Viell mál ist ér ihn érschienén. (Nr. 22)

oder:

O wíe groß íst die sélickéit
allér außérwelteń gottés
die íhn lobeń in éwickéit (Nr. 25)
in frólicheń sieg dés todtés.

sind auch für die silbenzählende Dichtung des 16. Jahrhunderts schwere Verstöße und stellen den handwerklichen Fähigkeiten des Dichters kein gutes Zeugnis aus.

Es war sicher keine leichte Aufgabe für die Musiker, diesen spröden Dichtungen Querhammers mit ihren Melodien gerecht zu werden. Sie haben dabei zum Teil Beachtliches geleistet, wenn sie auch das Hauptanliegen Vehes, Gemeindelieder zu schaffen, kaum berücksichtigten. Denn die meisten dieser Melodien sind durch Verzierungen, Synkopen, großen Ambitus, ungewohnte Intervalle so schwierig geworden, daß sie für den Gemeindegesang kaum in Frage kamen. Es wurde schon gesagt, daß eine Zuordnung der Melodien auf die drei Namen, die uns Vehe als Komponisten angibt, kaum möglich ist. Trotzdem gibt es einige Unterscheidungsmerkmale, die uns zeigen, daß es Melodien verschiedener Provenienz und verschiedenen Stiles sind. Als erstes nenne ich die Vorzeichnung des Alla breve-Zeichens ¢. Obwohl alle 25 Lieder sich genau dem *Tempus imperfectum* einordnen lassen, haben nur 12 das Tempus-Zeichen dafür. Bei den Nrn. 2, 4, 6, 8, 10, 11, 15, 17, 19, 20, 21, 23 und 25 ist es fortgelassen. Da der Redaktor des Gesangbuches, als den wir uns Vehe selbst zu denken haben, kein Musiker war, fiel ihm diese Inkonsequenz, die wohl dadurch entstanden war, daß einer der Beiträger des Gesangbuchs seine Melodien oder einen Teil derselben ohne diese Zeichen aufgezeichnet hatte, nicht auf. Eine andere Inkonsequenz lag in der Behandlung der Auftakte. Die meisten Melodien zeigen den langen Auftakt, entweder in dieser Form: ▭ | ◇ ◇ (Nr. 1, 3, 6, 7, 8, 11, 12, 13, 14, 15, 17, 19, 20, 21, 24) oder auf die Hälfte verkürzt: ◇ | ◇ ◇

(Nr. 4, 5, 9, 10). Nur 5 mal kommt der kurze Auftakt mit Minima vor und zwar mit vorausgehender Minimapause (Nr. 2, 18, 22, 23, 25) oder mit vorausgehender Semibrevis- + Minimapause (Nr. 16). Es ist bekannt, daß dieser kurze Auftakt hauptsächlich in den Melodien des Lutherkreises vorhanden ist[88], und es bestände durchaus die Möglichkeit, von diesem Stilmerkmal auf WOLF HEINTZ als den Urheber dieser Lieder zu schließen, der ja zum engeren Kreise der Musiker um Luther gehört, obwohl er in Halle und Magdeburg noch im Dienst des Kardinals von Mainz stand. Von diesen Liedern mit kurzen Auftakten sind zumindest drei ohne die Mensurvorzeichnung. Von den auf die Hälfte verkürzten langen Auftakten sind ebenfalls zwei ohne die Mensur-Vorzeichnung, von den mit Brevis beginnenden langen Auftakten sind 9 ohne und 6 mit Mensur-Vorzeichnung. Eine klare Scheidung ist auch da nicht möglich. Auch soll gründlichen stilistischen Untersuchungen hier nicht vorgegriffen werden.

Die Lieder dieses Gesangbuchs hätten wohl trotz der zweiten Auflage keine so lange Lebensdauer erreicht, wenn nicht JOHANN LEISENTRIT fast alle Lieder Vehes unverändert in sein großes Gesangbuch von 1567 aufgenommen hätte[89]. Hierdurch gelangten sie auch in die Gesangbücher des späten 16. und des 17. Jahrhunderts: z. B. Konstanz 1600, Mainz 1605, Corner 1631, Nordstern 1671 und viele andere. Auch die katholischen Gesangbücher der Gegenwart haben zumindest zwei Lieder, die auf die Melodie bei Vehe als direkte Quelle zurückgehen, als Einheitslieder: *Wer heimlich seine Wohnestat* (nach *Wer da wonet vnd sich enthelt*) und *Aus hartem Weh die Menschheit klagt* (nach der 1. Mel. von *Erbarm sich vnser Gott der Herr*).

Bisher existieren drei wissenschaftliche Text-Ausgaben des Veheschen Gesangbuchs. HOFFMANN VON FALLERSLEBEN gab einen Neudruck (ohne Melodien) Hannover 1853 heraus, PH. WACKERNAGEL veröffentlichte die Texte im 2. und 5. Band seines Deutschen Kirchenlieds. Dasselbe tat J. KEHREIN in seinem Werk »Katholische Kirchenlieder, Hymnen, Psalmen aus den ältesten deutschen gedruckten Gesang- und Gebetbüchern zusammengestellt, Würzburg 1859—63. Sämtliche Melodien des Gesangbuchs druckte W. BÄUMKER in den beiden ersten Bänden seines Werkes »Das katholische deutsche Kirchenlied in seinen Singweisen...« Freiburg 1886. Diese erste Ausgabe der Melodien aber kann den Ansprüchen einer kritischen Ausgabe nicht genügen. So läßt sich zum Beispiel das Problem der Textunterlegung nur im engen Kontakt mit dem Original-Druck lösen. Falsche Textunterlegungen im Original sind meist durch

---

[88] M. JENNY, a. a. O., S. 82.
[89] s. Faks.-Ausg. Kassel, Bärenreiter-Verlag 1967.

Platzmangel des Druckers bedingt, der sich mit dem Text nach den vorher geschnittenen Blockleisten der Noten richten mußte. Die zweite Auflage von 1567 mit Noten-Typen-Druck ist in der Textunterlegung noch schlimmer dran, weil sie sich nicht mehr der Abkürzungen bedient, welche der 1. Druck noch zuläßt. Jede kritische Ausgabe der Melodien wird also in Zukunft von der genauen Analyse des Druckbildes ausgehen müssen, wenn sie eine befriedigende Form der Textunterlegung erreichen will. Dieser Aufgabe will die Reproduktion der ersten Auflage dieses Gesangbuchs dienen.

Den Benützern des Registers sei folgender Hinweis gegeben: obwohl das Gesangbuch durchgehend Blattzahlen besitzt, findet man im Register nur den Verweis auf die Bogenzahlen. Wenn man trotzdem nach Blattzahlen zitieren will, muß man wissen, daß sich ab S. 50 bis zum Schluß ein Zählfehler eingeschlichen hat. Statt 40 muß es 50 heißen, 42 ist 52, 44 ist 54, 46 ist 56. Von Bogen H bis Schluß ist jede Seite erst richtig zitiert, wenn man 10 hinzurechnet, also 47—70 = 57—80.

Frankfurt am Main, den 5. September 1968

Walther Lipphardt

KRITISCHER BERICHT

Der nun folgende Kritische Bericht hat die besondere Aufgabe, den Mainzer Gesangbuchdruck von 1567 so genau wie möglich von der Erstauflage zu differenzieren. Außer dem Titel von 1567, der auf S. 6 wiedergegeben ist, und einer genauen Beschreibung des Druckes und seiner Anordnung war es hierzu notwendig, auf einige sprachliche und musikalische Abweichungen hinzuweisen. Da im gleichen Jahr die meisten Gesänge aus Vehes Gesangbuch einen Abdruck in Joh. Leisentrits Gesangbuch 1567 bei Hans Wolrab in Bautzen erfuhren, mußte der Kritische Bericht auch auf die dort gegebenen Lesarten eingehen. Man findet meist an erster Stelle die Fassung aus Vehe 1537 [wenn nötig, mit V bezeichnet], an zweiter Stelle den Mainzer Druck [mit M bezeichnet], an dritter Stelle — wenn nötig — die Fassung Leisentrits [mit L bezeichnet]. Die Blattzahlen oder Bogenbezeichnungen zu Beginn beziehen sich immer auf Vehe 1537 — wobei statt der falschen Blattzahlen hier die richtigen eingesetzt wurden. Die Stelle der Lieder in Leisentrits Gesangbuch wird durch die Angabe des Teils und der Blattzahl hinter L gegeben.

Text

Zwischen Vehe 1537 (Leipzig) und 1567 (Mainz) bestehen folgende hauptsächliche Unterschiede: Vehe 1537 hat Blattzählung: 70 [richtig 80] (8) Bll. Vehe 1567 [Mainz = M] hat Seitenzählung: (4) 163 Sn. Die Bogenzählung reicht in V von A_1–L_8, in M von A_1–L_3. Die höchstmögliche Zeilenzahl des Leipziger Drucks sind 28 Zeilen, die des Mainzer Drucks 30 Zeilen. Die höchstmögliche Zahl der Notensysteme auf einer Seite ist in beiden Drucken 5 Zeilen. In dem Druck von 1537 handelt es sich beim Notendruck um Blockdruck, dagegen in den beiden Ausgaben von 1567 (M und L) um Typendruck. Trotzdem hält sich der Mainzer Druck in den meisten Fällen in der Verteilung der Noten auf die Zeile an das Vorbild des Erstdrucks.
Die Anordnung der Texte ist in M genau so wie in V, d. h. also: alle Texte die in V mit abgesetzten Verszeilen gedruckt sind, werden auch in M so gedruckt, alle welche die Verse in V nicht absetzen, werden

auch in M ohne Zeilentrennung gedruckt. L hat dagegen keine zeilenweise abgesetzten Verse.

Lautung und Orthographie von M setzen sich stark von der altertümlichen Schreibart Vehes von 1537 ab. Darin stimmt der Mainzer Druck weithin mit Leisentrit überein. Der schon um 1537 veraltete übermäßige Gebrauch von *y* statt *i* wird 1567 von beiden Drucken aufgegeben. Auch auf das von der Luthersprache stark abweichende *vff* statt *auff*, mit dem Vehe sich an die schwäbische und oberrheinische Druckersprache anschließt, wird von beiden Quellen dem *auff* der normalisierten Druckersprache um 1567 angepaßt, von einigen durch die Abschrift entstandenen Relikten abgesehen. Dort wo Vehe bei Wörtern wie *sunde* keinen Umlaut setzt, haben die beiden Quellen Umlaut. (Daß Vehe 1537, wie Ph. Wackernagel, Bibliographie des deutschen Kirchenlieds, S. 143 angibt, kein ů habe, stimmt jedoch nicht. Bei manchen Wörtern wie *übel* steht es sogar dort, wo in M und L der Umlaut fehlt: *vbel*.) Zur Normalisierung gehört es auch, wenn Doppellaute im Auslaut, an denen Vehe 1537 noch sehr reich ist (*Engell, Teuffell, Wortt*) in M und L vereinfacht werden. Trotzdem bleiben auch zwischen M und L viele Unterschiede bestehen. L geht in der Großschreibung von Anfangsbuchstaben bei Substantiven und Adjektiven wesentlich weiter als M. Allerdings haben V und M die Großschreibung zu Beginn der Verszeilen fast überall gemeinsam — auch in den Strophen mit nicht abgesetzten Zeilen, wo bei L die Kleinschreibung überwiegt. Regelmäßig wiederkehrende Gesetzmäßigkeiten finden sich bei der Schreibung folgender Wörter:

glaub [V, M], *gleub* [L]

forcht [V, M], *furcht* [L]

vatter [V, M], *Vater* [L]

auß [V, M], *aus* [L]

groß [V, M], *gros* [L]

würdt [V], *wirdt* [M], *wird* [L]

synt [V], *sindt* [M], *sind* [L]

ihr [V], *jr* [M], *jhr* [L]

predig [V], *predigt* [M], *Predigt* [L]

sonder [V, L], *sondern* [M]

vor- [V], *ver-* [M]; z. B. *vorgeben, vergeben*

gk (z. B. in *stettigklich*) [V], *g (stettiglich* [M]

nott [V], *noth* [M, L]

befolhen [V], *befohlen* [M, L]

vill [V], *viel* [ML]

fahll [V], *fall* [M, L]

sohn [V], *Sohn* [M, L]

An Stelle des oberdeutschen *nit*, das Vehe fast ausschließlich verwendet, steht in M fast durchgehend *nicht,* während L bald das eine, bald das andere verwendet.

Vergleicht man die Druckergewohnheiten von Vehe 1537 mit denen der Lutherischen Gesangbuchdrucker, nämlich mit Klug, Babst u. a., so ergibt sich, daß Vehes Gesangbuch mehr der Schriftsprache der oberdeutschen Provinz zuneigt, die auch für Luthers Frühschriften und die Erfurter Enchiridien noch maßgebend war, dagegen in seiner zweiten Auflage, ähnlich wie Leisentrit, weitgehend den Druckgewohnheiten der späteren Lutherquellen des obersächsischen Kreises nahekommt.

Melodien

Bl. 3   *Vnser zuflucht.* Über die falsche Wiedergabe der Auftakt-
         und Schlußnoten durch Breven statt Semibreven in V (und
         M) s. o. Geleitwort S. 28.

Bl. 3ᵛ   2. Notenzeile, 1. Note Brevis *c* in V. Schon im Korrectur-
         Verzeichnis von V zu *b* verbessert (von Bäumker falsch wie-
         dergegeben); M hat die Korrektur in *b.*

Bl. 5   1. Notenzeile: Ternaria *EDC* über *gne-(digklich)* in M auf-
         gelöst, doch ist die Cauda der *opposita proprietas* an der
         1. Note erhalten geblieben, die demnach nicht als Brevis,
         sondern auch als Semibrevis zu lesen ist.
         3. Notenzeile, 3. Note muß schon nach der Korrektur am
         Ende von V 1537 eine Brevis statt Semibrevis sein, als solche
         erscheint sie in M (von Bäumker wurde diese Korr. in II,
         197 nicht beachtet).
         5. Notenzeile. Für die 2 Silben *vns heut-[te]* werden 2 Se-
         mibreves auf *D* statt einer benötigt, das ist schon in der
         Korrektur von V 1537 gefordert, so dann auch in M.
         In derselben Zeile fehlt nach *a* (7. Note) auf die Silbe *[vn-]
         ser* ein Semibrevis *G.* Diese ist schon durch Korrektur in V
         1537 verlangt, so auch in M (bei Bäumker fälschlich als *F*
         wiedergegeben).

Bl. 6ᵇ   5. Notenzeile: Nach der 3. Note eine Semibrevis-Pause,
         schon von der Korrektur in V 1537 gefordert, so auch in M.

Bl. 9ᵛ   *O Gott wir loben dich.* Die für die Textunterlegung maß-
         geblichen Worttrennungsstriche hinter den Noten finden sich
         nur in V, nicht in M.

Bl. 24   *Wer da wonet.* In der 2. Notenzeile nach *höchsten* fehlt in
         V das Wiederholungszeichen.

Bl. 27   *Auß hertzem grundt.* L hat statt der Melodie aus Vehe 1537 (1567) die Melodie von Luthers *Aus tiefer Not* in der Wittenberger Fassung. Letzte Note der Melodie Vehes auf dieser Seite in M *d* statt *b* (bei Bäumker II, Nr. 273 als Variante nicht erwähnt).

Bl. 29   *Gelobet seystu Jesu Christ.* 1. Notenzeile: 6. Note: Druckfehler: *h* statt *c,* so auch noch in M. L bringt dann die richtige Fassung mit *c.*

Bl. 29ᵛ   2. Notenzeile 3. u. 4. Note. Nach der Notation bei L I Bl. 18, wo die erste der beiden Noten eine Quadratnote mit Cauda von oben (*cum opposita proprietate*) ist, die nur durch den Druck von der Folgenote getrennt ist, handelt es sich hier um 2 über der Silbe *schar* zusammengehörige Noten einer Ligatur (auch die 2. Note ist daher als Semibrevis zu lesen).
Die vier in L folgenden Noten über *Kyrioleis* heißen: *F G a G.*

Bl. 30ᵛ   *In dulci iubilo.* Auf *iu-bi-[lo] G a* statt *F b* (so richtig in der 2. Verszeile). Auch M hat diesen Fehler, der erst von L richtig gestellt wird.

Bl. 31ᵛ   *Christ ist erstanden.* V und M halten sich bei dem Schluß *Kyrioleis* genau an die Fassung bei Klug. L hat auf den letzten 4 Silben (*Alleluia*) die ältere Fassung *C D E D,* voraus geht die sicher ebenfalls alte Binaria *D E* auf *sein* (*cum opposita proprietate*) mit folgender Semibrevis-Pause. Das kehrt auf der gleichen S. noch einmal wieder: 6. Notenzeile: Schluß auf *Kyrioleys* (bzw. *Alleluia*) und ebenso auf Bl. 31 ganz am Schluß der Melodie. Das zweite und dritte Mal nur ohne die Semibrevis-Pause.

Bl. 32   1. Notenzeile 3. und 4. Note [Binaria *Ga*] sollte nach der Vorlage *Gb* sein, darauf weist auch das *b* in V. M hat den Druckfehler nicht verbessert, dagegen L; 2. Notenzeile: Statt der punktierten Semibrevis in V, steht in M Semibrevis und Minima-Pause, Semibrevis ohne Punkt und ohne Pause aber mit folgender Semibrevis bei L.

Bl. 33   *In dieser zeyt loben wir:* 1. Notenzeile auf Bl. 33, 5. Note *f* (Semibrevis) wird von M und L ausgelassen, ist also vermutlich ein Druckfehler in V.

Bl. 34 ff. *Fraw von hertzen wir dich grüßen.* Hinter *grüßen* (1. Notenzeile), *yammerthal* (4. Notenzeile) Bl. 34ᵛ *klagende, zeherthal* (1. Zeile), *zuflucht* (3. Zeile), *wende* (4. Zeile) in L je eine Semibrevis-Pause.

Bl. 36	*Mein sele macht den Herrē groß.* 1. Zeile hinter der 3. Note fehlt auf der 4. Silbe *macht* eine Semibrevis *a,* welche schon in V 1537 durch die Korrektur am Schluß verlangt wird. Diese Korrektur ist in M beachtet, allerdings wird hier *G* statt *a* notiert, in L heißt diese Zwischennote *F.*
Bl. 36ᵛ	1. Notenzeile zwischen 2. und 3. Note schiebt M noch eine Semibrevis *d* ein. L hat diese Variante nicht.
Bl. 41	*Wir sollen all dangk sagen.* 1. Notenzeile, hinter der 5. Note Brevis *c über* [*be*-]*gyr* in L eine Minima-Pause.
Bl. 47ᵛ	*Gott der vatter won vns bey.* 1. Notenzeile: nach der 7. Note (hinter *bey*) eine Semibrevis-Pause in L, desgleichen in L in der 2. Notenzeile hinter der 6. Note (verderben).
Bl. 48ᵛ	In der 2. Notenzeile hinter der 8. Note (*todte,* Brevis *F*) in L eine Minima-Pause, danach drei Minimen mit *F* auf Ky-ri-e-[leyson].
Bl. 49ᵛ	*O ewiger vatter.* Zu Beginn fehlt in L die Mensurvorzeichnung. Hinter der 5. Minima der 2. Notenzeile in L eine völlig unmotivierte Semibrevis-Pause, in der 3. Zeile hinter der Brevis *a* (*gunst*) eine Semibrevispause in L.
Bl. 50	2. Notenzeile, hinter der 3. Note (*hat*) eine Semibrevis-Pause in L.
Bl. 51ᵛ	*Gelobet sey Gott ewiglich:* 1. Notenzeile von Bl. 51 Minima-Pause am Ende der Zeile fehlt in M.
Bl. 52ᵛ	*Als Jesus Christus vnser Herr:* Die letzte Note der 1. Notenzeile soll nach der Korrektur von Vehe 1537 »*ein tertz hŏcher sein«.* Das wurde in M nicht beachtet. L hat eine andere Melodie.
Bl. 53ᵛ	*Nu bitten wir den heyligen geyst.* An Stelle der 4. Note der 1. Zeile [Brevis *F*] über *wir* hat L 2 Semibreven *F* über *wir den,* die beiden nächsten Noten werden dann von L zu einer *Ligatura cum opposita proprietate DC* über *hey-[ligen]* zusammengezogen. An Stelle der dann folgenden Breven 7.–10. Note der 1. Zeile, 1.–8. Note der 2. Zeile (bis *allermeist*) Semibreven statt der Breven in V und M. Hinter *geyst, allermeyst, ende* Semibrevis-Pausen. 3. Note der letzten Notenzeile Brevis *D* über *aus* in L eine Semibrevis. Ligatur über [*elen-*]*de* statt *DC* in L: *ED.* M gibt genau die Fassung von V.
Bl. 54ᵛ	*Kom heyliger geyst Herre Gott.* 5. Notenzeile von Bl. 54ᵛ 2. Note Brevis *F* über *sey* [V, L]: Brevis *D* in M [Druckfehler!]

Bl. 55ᵛ	*Mein zung erklyng.* In der 2. Notenzeile ersetzt L die beiden Minimen *h* und *c* (3. und 5. Note) durch Semibreven.
Bl. 56ᵛ	*Jesus Christus vnser Heyllandt.* L hat eine andere Melodie zu diesem Text.
Bl. 59	*Gott sey gelobet.* L benutzt als Vorlage nicht wie V und M Klugs GB von (1529) 1533, sondern die Fassung der Melodie in Babsts GB von 1545. Semibrevis-Pausen stehen in L hinter dem 1. *Kyrieleison,* hinter *Leichnam, kam, blut.* Die vorletzte Note vor der zuletzt genannten Pause ist in L statt einer Fusa eine Minima.
Bl. 69 f.	*Mitten wir im leben seynt.* In L sind alle Zeilen, nach denen in V und M keine Minima-Pause steht, am Schluß mit einer Semibrevis-Pause versehen. Diese steht also hinter *synt, alleyne, missethat, hat, Herre Gott, starcker Gott, Heyllandt, ewiger Gott, versyncken, nodt.*
Bl. 72	*O wie groß ist die selickeyt.* 3. Notenzeile 5. Note in L *g* statt *a*.

Ein New Ge-
sangbüchlin Geystlicher
Lieder/ vor alle gutthe
Christen nach or-
denung Chri-
stlicher kir
chen.

Ordenung vnd Gebrauch der
Geystlichen Lieder/ so in diesem bü-
chlin begriffen synt/ findest du am
ende diß Büchlins.

Ephe. 5.
Werdet voll des heyligen gey-
stes/ vnd redet vndereinander von psalmen
vnd geystlichen Lobgesengen / Synget lob
dem Herren in ewerm hertzen.

Gedruckt zu Leipzigk durch
Nickel Wolrab.
1 5 3 7.

Dem Achtbarn Ersamen vñ

Fursichtigen weisen Herrn Caspar
Querhamer / der löblichen Stadt Hall /
Radtsmeister / meinē großgunstigen Herrn
vnd besondern freundt / Wunsche ich Mi=
chael Veh / Doctor vnd Probst der
stifftkirchen zu Hall / heyll
vnd ewigen fryden.

Roszgünstiger lie=
ber Herr vnd freundt
Ich hab in kurtzuer=
schienen tagen etliche
geystliche Lieder vnd
Lobgesang / zum teyl
von den Alten / zum theyl von ewer weiß=
heyt / vnd einem andern guthertzigen Chri
sten / auß dem Euangelio / Psalmen / vnd
heyliger geschrifft / zu fürderung der an=
dacht / vnd mehrung göttliches Lobs ge=
macht / in ein Gesangbüchlin zuhauff ge=
tragen. Die melodeien der altē lyder / auch
ettliche von E.W. gemacht / vnuerendert
lassen bleiben . Ettliche aber synt von den
wirdigen Herrn / vñ in der Musica berüm=
pten meistern / Johanne Hoffman / vnd
Wolffgango Heintzen / des Hochwürdig=
sten durchlauchtigsten vnd hochgebornen

Fürsten

Fürſten vnd herrn/ Herrn Albrechten der
heyligen Rom̄.kirchen Cardinals Ertzbi
ſchoffs zu Meyntz vnd Magdenburg etc.
meines gnedigſten Herren/künſtreichen or
ganiſten / von neuwem mit fleiß gemacht
worden. Vnd dweyll bey E.W.vnd auch
mir in vergangner zeitt/ von vylen gutten
Chriſten fleiſſigs anſüchen geſchehen/vnd
offt begert worden/zuuerſchaffen das etli
che geiſtliche vnuerdechtliche geſanglyder
würden angericht/ welche vom gemeynen
Leyen Gott zu lob vnd ehren/ zu auffwe
ckung des geyſts / vnd anreytzung der an
dacht/möchten in vnd auſſer der kirchen/
vor vnd nach der predig/Auch zur zeit der
gemeinen bitfarten / vnd zu andern heyli
gen gezeitten geſungen werden/hat michs
für gut angeſehen ſolchs büchlin (welchs
kein ſchädt od ſchmachlyd in ſich ſchleuſt)
durch den truck zu mehrern vnd vylen mit
zutheilen/ welchs ich in der beſten meinũg
gethan E.W.vnd der andern arbeyt/ dar
durch fruchtbar zumachen/Auch euch vñ
allen from̄en Chriſten damit zu dienen E.
W.wol jr diß laſſen wolgefallen. Vnd ob
es von etliche̅ würd getadelt/ deren ſchma
cheit/in gedult mit ſchweigen helffen ver
antworte̅.Hiemit ſeyt Gott befolhen. Da
tum zu Hall in Sachſſen. 1 5 3 7.

                                    Vff al

Vff alle heylige tage vor dem
Anfang der predig sol das Vat‍ter vnser gesungen werden.

Vnser zuflucht o Gott du bist/ on dich vns
Darumb vns auch gebottten ist/in nötten

ntems̄dt helffen kan/ Solchs in dē geyst geschehē
dich zuruffen an/

sol/So ist es dir gefallen wol/Hilff das wir bet‍

ten hertzigklich. Vat‍ter vnser der du bist
A iij   in den

in den hymmeln.   Geheyliget werd dein na=

me. Zukhom dein reych. Dein wil geschehe als ym

hymmel vnd vff erden. Vnser teglich brot gyb

vns heut tc.   Vergyb vns vnse re

schůlden/ als wir vorgeben vn=

                                        sern

sern schuldigern. Für vns nit in vorsuchůg. Son=

der erlöß vns vom vbell/ Amen.

Vff alle heylige tag vor dem an=
fang der Predig soll auch der Enge=
lisch Gruß gesungen werden.

Gegrüsset seyst du Maria/ voll der gnaden/

der Herre ist mit dir/ Gebenedeyet bist du

vnder den frawen/ Vnd gebenedeyet ist

A iiij die

die frucht deines leybes Jhesus Chri=

ſtus/ A men.

Ein ander Melodey.

Unſer zuflucht o Gott du biſt/ On dich vns nie=
Darumb vns auch gebotten iſt/ In nötten dich

mät helffen kan/ Geſchehē muß dz in dē geyſt/ Sol=
zuruffen an/

che anbetter du erheyſt/ Verleyh vns o Herr
gnedig=

5

gnedigklich/Al ſo zubetten hertzig   klich.

Vatter vnſer ð ð on biſt in den hyṁeln. Geheylit

get werd ðṁ name. Zukõ dein reych. Dein wil geſchee

als ym hyṁel vnd vff erden . Vnſer teglich brot gyb

vns heutte. Vñ vorgyb vns vnſer ſchulde/
                    alß wir vorgebẽ vnſ

A v ſern

sern schuldigern. Und nit einfür uns in versuchung.

Sonder erlöß uns vō vbel/ A   men.

Uff die heyligen tag nach der Pre-
dig sol der Glaub gesungen werden.

Ich glaub in Gott vatter almechtigen/
schöpffer hymels vñ

der erden/Und in Jesum Christum seinen einigen

soñ vnsern hērrē/Der entpfangen ist von dē heyli-
gen

6

gen geyſt/Geborn auß Maria der jungfrawē/Gelit⸗

ten hat/Vnder Pontio pilato gekreutzi⸗

get/geſtorben vñ begrabē/Nider geſtygen zu

den hellen/Am drittē tage aufferſtandē iſt võ dē

thottē/Auff geſtygē zu dē hymeln/ſitzt zu ð rechtē
Gotts

Gotts des almechtigẽ vatters/Von ð zukunfftig ist

zu richten die lebendigen vnd thotten. Jch glaub

in den heyligen geyst/.ein heylige Christẽlich kir

chen/ gemeynschafft ð heyligẽ/vorgebũg ð sun

den   Aufferstehũg des fleysches/Vñ ein e=
wiges

wiges leben/ A menn.

Ein ander Melodey.

Ich glaub in got dē vatter mein/schöpffer hym̄.vn̄

erdē/ð vnser vatter stets wil sein/dz wir seine erbē

werdē/Almechtig ist sein göttlich hād̄t/alle ding

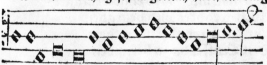

synt im auch bekāt/Er sorget für vns vn̄ regirt w̄z

luffe

lufft wasser vñ erd gebyrt/On jhnē auch
gar nichts geschicht/was

er nit helt/wurdt balde zu nicht.

Ich glaub in Herren Jesum Christ
Des vatters ein gebornnen son
Der vnser Gott vnd heylandt ist
Vom heylgen geyst entpfangen schon
Auß Maria ist er geborn
Ein jungkfraw bleybt sie ewigklich/
Er hat versönt des vatters zorn
Vnd gelitten gantz willigklich
Der geyßlung vnd krönung marter
Vnder Pilato dem Richter.

On schuld ward er gekreutziget/
Auch getodtet vnd begraben
Zur Hellen er absteigen thet
Den Teuffel da zu berauben
Auff stund er von den todten frölich

Am

Am dritten tag zu rechter zeyt
Fuhr auff ghen hymmel gantz herlich
Sitzt zur rechten ans vatters seyth
Würdt zu vrtheylen widerkommen
Alle geschlecht böß vnd frommen.

Ich glaub in gott den heylgen geyst
Auch ein Christenliche gemeyn
Die er zur warheyt reytzt vnd weißt
Heylge gemeinschafft hat sie allein
Bey ihr bleybet er stettigklich
Lehret sie Gotts recht erkantnüß
Der sunden ablaß auch glaub ich
Vnd des fleisches aufferstentnüß
Darzu ein ewiges leben
Das woll vns Gott gnedig geben. Amen.

Vff die heyligen tag sollē die Zehen
gebott nach der Predig zu etlichen zeitten
an stat des glaubens gesungen werden.

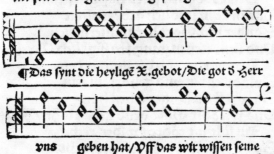

℄ Das synt die heyligē X.gebot/Die got d̄ Herr

vns   geben hat/Vff das wir wissen seine
                                        knecht

knecht/Wie wir vor ihm soln leben recht/Ky=

rye   e   ley   son.

Du solt glauben in einen Gott
Uff ihn dich lassen in der nott
Neben ihm han kein götter mehr
Und ihm allein thun götlich ehr/Kyriele.
    Du solt den namen gotts deins Herrn
Mit nichten brauchen zu vnehrn
Auch nit vergeblich vnd on nott
Deñ das ist ihm ein grosser spott/Kyriele.
    Den Sabbath soltu heylgen schon
Daran keyn leyblich arbeyt thon
Sonder mit Gott bekommern dich
Und ihm dienen gantz fleissigklich/Kyrie.
    Den vatter vnd die mutter dein
Solt du ehren vnd gehorsam sein
So wyrst du langes leben hon
Und wirt dir Gott drüb geben lohn/Ky.
    Du solt nit tödten wider recht
So du wilt sein des Herren knecht
                 Den wer

Den wer on recht mit dem schwerdt sicht/
Der würdt da mit billich gericht / Kyriel.
　Du solt nit stelen/spricht dein Gott
Als klärlich anzeygt sein gebott
Deinen nechsten betriegen nicht
So entpfleuchstu gottes gericht/Kyriele.
　Dein Ehe du gar nit brechen solt
So du wilt haben Gottes huld
Dein leben halt auch keusch vnd reyn
So du wylt meyden hellisch pein/Kyriel.
　Du solt wider den nechsten dein
Mit nicht ein falscher zeug sein
Sonder so du jhe zeugen must
So sag die warheyt dir bewust/Kyrieley.
　Du solt deines nechsten Ehgemalh
Nit begern in eynigem fahll
Wie das der Herr gebotten hat
Laß alzeyt bey dir haben statt/Kyriel.
　Das letst gebott dir sagen thut
Das du deins nechsten hab vnd gutt
Begeren solt in keiner zeyt
Behut vns du herr Gott vor leydt/Kyri.
　Ach hylff vns lieber Herre Gott
Das wir halten all dein gebott
Denn wo dein gnad nit kompt zuuorn
So synt wir all zumal verlorn .
　　　　　　　　　Kirieeleyson.
　　　　　　　B　Das

Das schön Lobgesang/Te deum laudamus/Mag zur zeit der hochzeitlichen Festen/so man von einer Kirchen in die andern procession helt/gesungẽ werden.

O Gott wir lo ben dich/wir bekennẽ dich

einen Her ren/ Dich ewigẽ vatter preyset der gantzen erden kreyß/ Das selb thun auch

alle Engel/die hymmel vnd all gewaltigen engell/

gel/ Auch Cherubyn vñ Seraphin schreïe mit

vnauff hörlicher stym   me/ Hey   li-

ger/Hey   liger/ Hey   liger herre Got

Saba   oth/   Hymmel vñ erd synt erfullet

mit der herlickeyt deines preyses / Die löblich

B ij versam-

ß samlung deiner zwölff bottē/ Lobet dich einē warē

Got/Des gleich thut auch alle zeyt/die herliche za

aller Prophe   ten/ Die gantze schar ß heyligen

merterer lobet dich Herre mit grossem schall/

Die gantze heylige Christēheyt/lobet dich in der

ganzen

gantzen werledt weyt/Einen vatter vnd

meffy ger herlickeyt/ Deinen

waren eyni gen sohn/ Den heyli

gen geyst vnd rech ten tröster

Du König der ehren Je su
B iij Chriſte

Christe Du bist ein ewi ger sohn Gotts

deines Vatters/ zu er lö sen

das menschlich geschlecht hastu der junckfrau=

wen leyb nit tzschmecht/Du hast des

todtes macht zerstört vñ den glaubigen
geöffent

geöffent   das hymmelreych/   Du

sitzt zu der rechten Gottes   in der eh=

ren   des   vatters/ du wirst zu=

kunfftig ein richter sein/   Wir bit ten

dich lieber Herr/ den die   nern

B iiij   dein

dein die du mit deinem theu=

ren blutt haſt er löſt

Vorſchaff das ſie mit deinen hey=

ligen in ewiger glory begabet

werden/ Mach ſelig dein volck

lieber

lie ber Herre vnd gese ge ne dei

ne erbschafft vnd sie in

dir erhebe biß in ewig

keyt/ Herr Gott allentag loben wir dich

fleissigklich/Vnd loben deinen namen al

B v lezeyt/

lezeyt / von welt zu weltten ewigklich / Be=

war vns heut / O Herre Gott vor aller sund

vnd myssethat / Erbarm dich vnser

O Herre Gott vnd sey vns genedig / Dein

barmhertzigkeit kom vber vns / wie wir in

dich

dich gehoffet han/Auff dich Herre ſtehet vn=

ſer hoffnung/Darumb ſo laß vns e=

wig nicht zu ſchanden.   wer=

den.

Ein geyſtlich Bitlied gezogen
aus dem Pſalmen / Verba
mea auribus.etc.

Mein

Mein wort o Herr zu oren nym/ Uff mein
hab acht uff meines hertzens stym/Mein Gott

geschrey doch mercke/ Ach Gott zu dir
vnd meine ster cke/

ich betten will Im hertzen mein gůtz in der

styll Bald wyrst du mich erhö ren.

Ich wil des morgens bey dir ston
Gantz fleissig auff dich sehen
Alzeyt auff deinen wegen gon

Darzu

15

Dar zu die boßheyt fliehen
Ein Gott bist du dem nit gefelt
Was vbels thut die bőße welt
    Die sunder wirst du vortreyben.
   Vor dir bleybt nit der vngerecht
Er darff nit vor dein augen
Die vbelthetter synt verschmecht
Du thust ihn feindtschafft trawen
All lügner du vmbringen wirst
Vor dir herr auch ein grewel ist
    Blutdurst/vntrew des hertzens
   Dein hauß soll meine zuflucht sein
Vff dein gnade wil ich bawen
Anbetten in dem tempell dein
In deiner forcht dir trawen
Nach deim gesetz regyr du mich
All meine weg richt herr auff dich
    Vmb meiner feinden willen.
   Die warheyt fleucht ihr bőser mund
Das hertz ist aller boßheyt voll
Wie ein grab stinckt ihrs rachen schlundt
Ihr zung redet gar niemant woll
Falscheyt ist ihr beste kunst
Ach herr gib ihrm betrug keyn gunst
    Ihr radtschlech mach du zu nichte.
   Ihr vbertrettung ist sehr groß
Ach vmb der selben willen
Lieber herr du sie doch verstoß
              Au 6

Auch bald thu ihr reytzen stillen
Das sie wider dich getrieben han
Laß sich des frewen jederman
    Alle so recht in dich hoffen.
    Dein wohnung wirstu haben Herr
Bey allen so in dich glauben
Auß lieb dir geben Göttlich ehr
Vnd dich deren nit berauben
Du lest sie ewig frölich sein
Die da preysen den namen dein
    Des wir vns ehrlich berhümen.
    Segnen wirst du die gerechten
Nu vnd fort an in ewigkeyt
Auch wirst du krönen dein knechte
Mit der kron der sicherheyt
Durch den gnedigen willen dein
Der allweg vnser schildt wirdt sein
    In diesem armen jamerthal.
    Ehr sey dem vatter vnd dem sohn
Dem heylgen geyst darneben
Der vns bereyt die ewig kron
Im hymmelreych zugeben
Der vom anfang gewesen ist
Bleybt ewig vnd ist auch ytzt
    Den wollen wir ewig loben.

Ein

16

Ein geystlich Lobgesang gezo=
gen aus dem Psalmen / Benedicam
dominum in omni tempore.

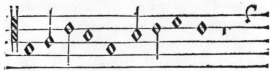

Mit hertz vnd mundt ich lo   ben wil
Mein seel soll auch nit schweigen styll

Gott den Herren zu aller zeyt/   Mit freuden
Sich des Hern rhüme weyt vñ breyt

das hören sollen/   Die recht sanfftmüttig

sein wollen   Macht groß den Hern zu aller
stund/

stund/Thut das mit mir auß hertzens grundt.

Lasset vns alle gemeinlich
Erhöhen den namen des Herren
Da ich ihn suchet fleissiglich
Thet er sich bald zu mir keren
Meiner bitt war er gar geneygt
Guttlich sein gnad er mir erzeygt
Betrübnuß hett vmbgeben mich
Erlöset ward ich gnediglich.

Trettet zu ihm gantz vnuerzagt
Entphacht von ihm sein Göttlichs liecht
Der blintheyt euch vor ihm beklagt
Gantz klar wirdt ewer angesicht
Vor zeitten hab ichs selbst erfarn
Da ich gantz ellend war vnd arm
Vnd zu ihm ruffet auß hertzen
Frey ward ich von allem schmertzen.

Des Herren Engel lägert sich
Vmb die her so ihnen förchten
Vnd hilfft auß allen getreulich
Die seinen worten gehorchen
Schmeckt doch wie guttig ist der Herr
Billich sol sich des frewen sehr

Der man

Der man so vff ihn thut hoffen
Die gnad pforten synt ihm offen.

O ihr heylgen all in gemein
So ihr wolt kein gebrechen han
Gotts forcht last euch befolhen sein
Sie hat verlassen nye kein man
Groß mangel leiden die reichen
Das best gutt ist ihn entwichen
Welche aber recht fürchten Gott
Die synt sicher vor aller nodt.

Kumpt her ihr kinder / hört mein **wort**
Die Gotts forcht wil ich euch leren
Wer lust hat zu leben hie vnd dort
Auch gutte tag ist begeren
Des zung soll niemand schaden thun
Vnd machen keyn bössen argwon
Die lefftzen sollen gantz reyn sein
Vnd meiden alle falsche schein.

Vom bösen solt du weichen ab
Dem gutten alzeit anhangen
Den fryden als die besten gab
Mit beyden armen vmbfangen
Der Herr sicht an gantz gnedigklich
Erhört das bitten willigklich
Aller frommen vnd gerechten
Last sie nit zu vill anfechten.

Sein antzlit drewet grossen zorn
Allen so in sunden liegen

C   AII

All gutthat ist an ihn verlorn
Ihr hoffnung wirt sie betriegen
Ihr gedechtnuß würdt vndergon
Das gibt ihn Gott vor ihren lohn
Sie mögen haben kein bestandt
Verlyrn dar zu das vatterlandt.

    Zum Herren haben geschryen
Alle gerechten vnd frommen
Das er ihn wolt hülff verliehen
Ihr bitt hat er auffgenommen
Die hat er erhört vätterlich
Auß nötten erlöst gwaltiglich
Nahe ist er den hertztraurigen
Macht selig die demüttigen.

    Die frommen haben trübsalß vill
Aber von dem selben allen
Der Herr sie bald erlösen wil
Nach ihrs hertzen wolgefallen
Ihr gebeyn bewart er gantz woll
Auß allen keyns verfallen soll
Zum Herren thun sie sich halten
Er wil ihr pflegen vnd walten.

    Erschröcklich ist der sunder todt
Vnd wer sein nechsten ist hassen
Schwerlich sündet er wider Gott
Der wil die sein nit verlassen
Von allem übel vnd bösen
Thut er ihr selen erlösen

Jhr

Ihr hoffnung iſt in Gott gericht
Die ſundt werden ihn ſchaden nicht.
    Ehr ſey des Vatters herligkeyt
Itzundt vnd hinfurt ſtettiglich
Dem Sohn auch nu vnd allezeyt
Der mit vns handelt gnedicklich/
Dem heylgen Geyſt deßgleichen auch
Das iſt der allerbeſte rawch
Welcher heylger dreyfaltigkeyt
Wirt geopffert in ewigkeyt.

Ein geyſtlich Bitlied gezogen
aus dem Pſalmen / Miſe‑
rere mei deus. et c.

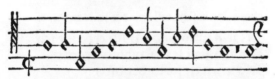

O heylger Gott erbarm dich mein/   Nach
Nach der mennyg der gnaden dein/   Leſch

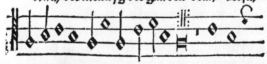

deiner groſſn barmhertzigkeyt/   Vertylg
auß mein vngerechnyg keyt/   C ij O Herr

o Herr mein missethat/ Die nkein böser wil

volbracht hatt/ Wasch ab vñ mach mich auch gätz

reyn/Denn sehr vill synt der sunden mein.

Mein sund vnd schuld erkenne ich
Mit grossem leyd ich die betracht
Geschehen ist sie wider dich
Vor dir alleyn ich die volbracht
Darůmb du auch der richter bist
Bey dem gnaden zusuchen ist
Dein red mach war vnd dich gerecht
Ein genedig vrtheyl sprich deim knecht.
    Entpfangen bin in sunden ich
In mutter leyb ward ich befleckt
Die warheyt liebest du hertzlich

                      Darumb

Darumb hab ich mein schuld entdeckt
Dein heymlich wort laß werden war
Das mir du gmacht hast offenbar
Bespreng mit Ysop wasch auch mich
Vil weisser dan der schnee werd ich.

Freud wirst du geben meim gehör
Vnd frolich machen mein gebeyn
Die gedemütigt synt zu vor
Durch die forcht deynes zorns alleyn
Mein sund wolst du nit schen an
Die ich wider dich hab gethan
Tylg auß vergib mir mein boßheyt
Das wirdt meyns hertzens hochste freud.

Auch mach in mir ein reines hertz
Gyb mir ein rechten newen geyst
Bey dir laß mich herr bleyben stets
Das erfrewet mich allermeyst
Ich schrey o lieber Herr zu dir
Dein heylgen geyst nym nit von mir
Die freud deyns heyls mir nit versag
Dein geyst sterck mich von tag zu tag

So du Herr wyrst erhalten mich
Die Gottlosen wil ich leren
Zu dir werden sie keren sich
Dich loben preysen vnd ehren
O Gott meins heyls verzeych du mir
Mein blutschuld so mißfallen dir
Mein zung muß rümen offentlich

C iij Das

Das du gerecht bist ewigklich.

    Mein lefftzen wolst du Herr vff thun
Durch deine gnad die bereytten
So würdt von meinem mundt außgon
Dein lob vnd sich weytaußbreytten
Keyn leyblich opffer du begerst
Ich hett dirs sunst geheylget stets
Vnd so es schon brandtopffer weren
Bist du doch der nit begeren.

    Das opffer Herr so dir gefelt
Ist ein armer betrübter geyst
Der sein sach alleyn zu dir stelt
Ein solchen du von vns erheyst
Auch ein hertz das seer traurig ist
Des heyl vnd trost Herr Gott du bist
Welches sich gar gibt gefangen
Vff das es mög gnad erlangen.

    Herr durch den gutten willen dein
Auch durch dein grosse güttickeit
Laß dir Syon befolhen sein
Sie hofft auff dein barmhertzickeyt
Der glauben hat sie dir vertrawt
Auß dir gemacht ein heylge Brawt
Von ihrn sunden mach du sie rein
Durch das heylig bytter leiden dein.

    Hilff auch bawen Jherusalem
Vff das deins dynst sie mög pflegen
Vyll opffer dir sehr angenem

Vff dein

20

Vff dein hohen altar legen
Ihrer lefftzen feyſte kelber
Alß du haſt gebotten ſelber
Dar zu auch die gerechtickeyt
Welche bleybet in ewigkeyt.

　Ehr ſey des vatters herlickeyt
Itzund vnd hynfort ſtettiglich
Dem ſohn auch nu vnd alle zeyt
Der mit vns handelt gnediglich
Dem heylgen geyſt deßgleychen auch
Das iſt der allerbeſte rauch
Welcher heylger tryfaltickeyt
Wirt geopffert in ewigkeyt/ Amen.

Ein geyſtlich Bitlied gezogen
aus dem Pſal. Inclina domine.

Ach Herr dein ohren neyg zu mir/ Dan ich
Mich zuerhörn erzeyg dich ſchyr/ Bewar

gantz arm vnd ellend byn　　　Denn heylig
meyn ſeel vnd auch mein ſiñ/

C　iiij　byn

byn ich   wie du weyſt/Dein knecht Herr Gott

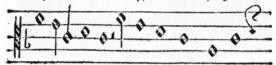

dein hylffe leyſt/Der ſich verleſt all

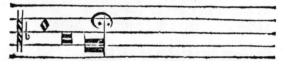

zeyt vff dich.

Ach Gott mein Herr erbarm dich mein
Den gantzen tag ruff ich zu dir
Erfrew die ſeel des knechtes dein
In meiner nott Herr hilff du mir
Dan Herr zu dir vnd deiner gnad
Mein ſeel ich aufferhaben hab
Ach Herr erfull du mein begyr.

Gantz ſanfftmüttig o Herr du biſt
Voll gütte dich zu erbarmen
Dem ſo recht zu dir ruffen iſt
Ach mein Herr erhör mich armen

Mein

21

Mein gebet Herr du auch vernyhm
Vnd hab acht vff meins flehens ſtym
Die wolſt du gnedig annemen.

Ich ruff zu dir in zeyt der nott
Vnd du mein Herr erhőreſt mich
Es iſt auch Herr kein ander Gott
Der dir mőge vergleichen ſich
Denn niemand Herr dirs nach thun kan
Drumb muß dich főrchten jederman
Vnd vor dir ſich demüttigen.

Alle Heyden ſo du gemacht
Werden zu dir meim Herren kommen
Vor dir anbetten mit andacht
Vnd herlich ehren dein namen
Denn du biſt mechtig vnd ſehr groß
Vnd thuſt wunder ohn vnderlaß
Ohn dich iſt kein Gott vorhanden.

In deinem wege Herr leitte mich
Das ich mag in der warheyt dein
Leben vnd mein ſeel frewen ſich
Dein namen főrchtn ym hertzen mein
Herr mein Gott ich wil dancken dir
Auß groſſer meins gemüts begir
Dein nam ſoll ſtets gelobet ſein.

Denn groß iſt dein barmhertzigkeyt
Vber das arm geſchőpffe dein
Durch deine groſſe güttickeyt
Haſt du erret die ſele mein

C v Von

Von der vndersten hellen glut
Byn ich von dir Herr wol behutt
Laß mich dir Herr befolhen sein.

Ach Gott es setzt sich wider mich
Der heylloß hauffe mit machten
Die wüttend rott gewaltiglich
Thut nach meiner selen trachten
Jhr keyner hat vor augen dich
Vff ihrn gewalt sie lassen sich
Darumb sie dich Herr verachten.

Du aber Herr vnd warer Gott
Gantz gnedig vnd barmhertzig bist
Verleyh mir hylff in meiner nodt
Dweyll keyn end deiner gnaden ist
Du bist warhafftig vnd gerecht
Ach Herr sihe vff mich deinen knecht
Sey mir gnedig zu aller frist.
Dein Gebott mach gehorsam mich
Dein heyl verleyh ohn vffzuck mir
Ein zeychen gib mir gnediglich
Deiner hüld der ich wart von dir
Dein hilff sey all stund mir bereyt
Das diß wert meinen feynden leyt
So sie deine tröstung sehen.

Ehr sey dem Vatter allezeyt
Vnd darzu auch seynem Sohne
Dem heylgen Geyst gleych auch berey
Alhie vnd jns hymmels throne

Wie er

22

Wie er von an anfang ist gewest
Itzund auch ist vnd bleybet stets
Den wöllen wir ewig loben.
Amen.

Ein geystlich Bitlied gezogen
aus dem Psalmen/Deus mise=
reatur nostri.

Erbarm sich vnser Gott d Herr/ Vñ geb vns
Seyns antzlitz schein er zu vns kehr/ In diesem

feinen se   gen/   Er wol vns auch genedig sein
armen le   ben/

Vnd seine weg anzeygen/   Das wir vom Vrfall
bleybett

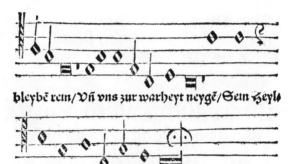

bleybē rein/Vñ vns zur warheyt neygē/Sein Heyl

landt auch erken nen.

Die gantze welt dich loben soll
Vnd alzeyt danck auch sagen
Ihr hertz soll sein gantz freuden voll
Vnd vor dir gar nit zagen
Denn du vff erden richter bist
Vnd sprichst alzeyt gleych vrtheyl
Dein wort vns auch recht führen ist
Zu dir Herr Gott vnserm heyll
Das laß vns widerfaren.

Es soll als volck dir dancken ser
Vnd dein lob weyt außbreytten
Dar zu dir geben Göttlich ehr
Vnd auch zu allen zeytten
Durch gutte werck beweysen sich
Das sie in dich recht glaube
Gleych wie die erd thut stettiglich

Die

23

Die frucht bringt von dem tawe
Den Gott von hymmel sendet.
   Es woll der vatter mit seinem sohn
Vns geben seinen segen
Der heylig geyst wol das auch thun
Vff das wir mögen pflegen
Seins rechten dienſts ym geyst alzeyt
Jn heyliger forcht auß hertzen
Die bleyben würdt in ewigkeyt
Jn vns ohn allen schmertzen
Die woll vns Gott verleyhen/
      Amen.

Ein ander Melodey.

Erbarm sich vnser Gott der Herr/ Vnd
Seins antlitz schein er zu vns kere/ Jn

geb vns seinen segen/
diesm armen leben/   Er woll vns auch

ge 1e

genedig sein   Vnd seine weg an zey-

gen/ Das wir vom Yrsal bleyben reın

Vnd vns zur warheyt neygē/Sein Heylland

auch er ken nen.

Ein geystlich Lobgesang gezo-
gen aus dem Psalmen/Qui ha
bitat in adiutorio al.etc

Wer do

24

Wer da wonet vnd sich enthelt   Vnder
Vnd sein sach zu dem Herren stelt/Thut sich

der hülffe des höchsten/
seines schirms stets tröste/   Der spricht zu Gott

dem Herren sein/   Du nimst mich auff
in nötten mein/Darumb mein zuuersicht du

bist/   Auff dich alleyn mein hoffen   ist.

Der

Der jäger strick zerreyst du bald
Die mich zu den sunden jaget
Du übst auch wider die gewalt
So mich mit ihr zungen schlahen
Dein achsel schadt vnd gnaden gunst
Lescht ym menschen der sunden brunst
Drumb soll alzeyt die hoffnung dein
Vnder sein flügel gericht sein.

Sein warheyt/ so die glaubet würdt
Ist als ein schildt bewaren dich
Auß aller nott sie bald dich fürt
Des bistu erfahren zeytlich
Nechtliche forcht vnd teufflisch list
Die du tag vnd nacht fühlen bist
Auch fliegend pfeil der menschen kind
Macht sie verschwinden als den windt.

Tausent feind vnd zehen mal mer
Dir stets zu beyden seitten ston
Zun sunden sie dich treyben sehr
Durch glück vnd vnglück sie das thun
Diß alles zu deym heyll geschicht
So dein hertz ist in Gott gericht
Im sygk würdt dein streyt sich enden
Gott wurdt sie durch ihrn fall schenden.

Solchs soltu stets vor augen han
Darzu ihm alzeyt danckbar sein
So dieses du mit forcht wirst thun
Vnd betrachten der sunder pein
                                              In Gott

25

In Gott wurſt du erheben dich
Dein hertz mit ihm reden trewlich
Mein hoffnung Herre du ſtets biſt
Mein zuflucht mir die ſicher iſt
Keyn übel zu dir kommen kan
Dein wohnung iſt in ſicherheyt
Des ſol ſich frewen jederman
Vnd betrachten ſein herlickeyt
Die er von Gott entpfangen hat
Aß gnaden ſeiner maieſtat
Durch ſein Engel dienet er dir
Vnderwirfft dir auch grauſſam thyer.

    Dienſtlich geyſt hat er ſie gemacht
Dich allzeyt woll zu bewaren
Darauff haben ſie groſſe acht
Laſſen dir nichts böß widerfaren
Ihr handtſchyrm wol behütet dich
Das kein anſtoß dir ſey ſchedlich
Vber Baſiliſck vnd ſchlangen
Haſt du auch groß gewalt entpfangen.

    Vnder dir iſt der helliſch trach
Der grymmigk law muß fliehen dich
Wider ſie du allezeyt wach
So werden ſie enthalten ſich
Keyn ſchaden mögen ſie dir thun
In ſeiner huth dich Gott wirt han
Sein verheiſſung wirt er leyſten
Dich erretten von bößen geyſten.

               D   hör was

Hör was hat er dir zugesagt
So du ihm würdest vertrawen
Das laß du nit auß deiner acht
Dich würdt es nymmer gerawen
Er hofft uff mich in seiner nott
Darumb wil ich ihn erlößen
Das muß wehren biß in sein todt
Auch sichern ihn vor den bösen.

　Ich wil ihn beschützen allezeyt
Dweil er erkent den namen mein
Zu erhören bin ich bereyt
Ich will bey ihm in der nodt sein
Er rüffet mich getreulich an
Drumb wil ich ihm alzeyt beyston
Seine angst sol nit lang weren
Ich wil krönen ihn mit ehren.

　Sein leben uff dieser erden
Will ich erstrecken in vill jar
Ich wil ihm auch frölich zeygen
Mein heyl mit der seligen schar
Gott dem vatter sey stets die ehr
Dem sohn auch nu und ymmer mehr
Gleych so vill dem heylgen geyst
Der uns mit seiner gnaden speyst.
Amen.

Ein geystlich lied gezogen aus
dem Psalm.Beati omnes qui ti.

Die

26

Die menschen warlich selig synt/ So recht
Vnd seine weg lauffen geschwind/ Er hylfft

ym hertzen fürchten Gott/   So dich dein
ihnen auß   aller   not/

eygen handt ernert   Wie dir dan Gott be=

folhen hat   Glück vnd heyll dir stetz widere

fert   Vnfahl findet bey dir keyn stat.
                                D ij   Dein

Dein weyb wůrdt sein in deinem hauß
Gleych wie der weinstock an der wandt
Mit vill früchten brechen herauß
Das wirckt alleyn die Gŏttlich handt
Es wůrdt ym vmbkreyß deines tisch
Gar lieblich in dein augen sein
Eyn hauffen kyndt gesunt vnd frisch
Alß die ŏlpflantzen hübsch vnd feyn.

   Syhe ein solch segen ist bereyt
Wůrdt auch widerfarnt gewißlich
Dem menschen der zu allerzeyt
Gott fürcht vnd dienet fleissyglich
Den segen wůrdt er ihm mehren
Von Syon der herfliessen ist
Da man Gott gibt Gŏttlich ehren
Da vnser freud bleybt vnuermyscht.

   Du wirst auch schawen stettiglich
Das glück der statt Jherusalem
In ihr bleybt frieden ewiglich
Der wirt dir sein gar angenem
Dein kynds kynd wirst du erleben
Groß freud sie dir bringen werden
Fried wirt Gott Israel geben
Im hymmel vnd hie vff erden.

   Ehr sey des vatters herlickeyt
Itzundt vnd hinfort stettiglich
Dem Sohn auch nu.et c.wie obgeß.

                         Ein

27

Ein geystlich Bitlied gezogen aus dem Psalmen/ De profundis clamaui ad te dom.

Auß hertzem grundt schrey ich zu dir/ Herr Gott
Deyn ohren Herr neyg du zu mir/ Vnd mei=

erhör mein stym   me/   Denn so
ne bitt vffnym   me/

du wilt des haben acht/ Wie vil der

mensch hatt sünd volbracht/ Wer wil das mügen
D   iij   leyden.

ley   den.

Bey dir ist Herr der gnaden vill
Die sunden zuuergeben
Herr dein gesatz ists rechte zyell
Nach dem wir sollen leben
Dein heylges wort ist allzeyt war
Das macht das ich gern vff dich har
Deins heylß wil ich erwarten.

Mein seel daruff hat tröstet sich
Vnd daran alzeyt gedacht
Jn meiner nodt verlaß nit mich
Dan von morgen biß zur nacht
Hoff ich in dich mit Jsrael
Vnd all mein sach zu dir gern stell
Mein wolst du nit vergessen.

Dann Herr bey dir dem waren Gott
Ist seer vill barmhertzigkeyt
Zu helffen vns auß aller nott
Byst du willig vnd bereyt
Du bist alleyn das höchste gutt
Das Jsrael erlösen thut
Auß seinen sunden allen.

Vff den

28

Auff den heyligen Chriſtag/
Newe jahrs tag/ vnd auch vff
das Feſt Epiphanie.

Der tag der iſt ſo freuden reych/ al
Deñ Gottes ſohn võ hymelreich/ü

len cre a   turen/ Von einer Jungfrawẽ iſt ge
ber die na   turen/

born Maria du biſt außerkorn/da du mut

ter wereſt/ was geſchach ſo wunderlich
D iiij   Gottes

Gottes ſohn võ hỹmelreich / Der iſt

menſch gebo   ren.

Ein kyndlein ſo lobentlich / iſt vns ge=
boren heutte / võ einer Junckfraw ſeuber=
lich / zu troſt vns armen leutten / Wer vns
das kyndelein nit geborn / ſo wern wir all
zumall verlorn / das heyl iſt vnſer alle / eya
du ſuſſe Jeſu Chriſt / dweyl du menſch ge=
boren biſt / behüt vns vor der helle .

Als die Soñ durchſcheint dz glaß / mit
ihrem klaren ſcheine / vnd doch nit verſeh=
ret das / ſo merckt all gemeyne / Gleycher
weyß geboren ward / von einer junckfraw
rein vnd zart / Gottes ſohn der werde / Jn
eine kryp ward er geleyt / groſſe marter für
vns leyt / hie vff dieſer erden .

Die Hyrten vff dem felde warn / erfü=
rĕ newe mehre / võ den Engeliſchen ſcharn
wie

wie Chriſt geboren wehre / ein kónig über
alle kónig groß / Herodem die red ſeer ver=
droß / auß ſandt er ſeine bottē / Ey wie gar
ein falſchen liſt / erdacht er wider Jheſum
Chriſt / die kyndlein ließ er tödten.

Die edle Kónig hochgeborn / erkanten
an dem ſterne / wie das ein kyndlein wer ge
born / das wolten ſie ſchawen gerne / ſie na
men mit ſich reichē ſold / Wyrauch / Mirh
vnd auch das golt / ſie eiltten all gemeyne /
Sie fielen nyder auff ihre knye / das opffer
empfing der Herr von ihn / mit ſeiner mut
ter reyne.

Vff den Heyligen Chriſtag / vnd Newe Jahrs tag.

Gelobet ſeyſt du Jeſu Chriſt / das

du menſch geboren biſt / Von einer Jung=

D v fraw

fraw das ist war/des frewet sich   der

Engel schar/Kyrio   leys.

Gelobet sey die Junckfraw zart/Von der Christus geborn ward/vns armē sundern all zu trost / das wir durch ihn würden erlöst/Kyrioleys.

Gelobet sey der Engel schar / die auch bey der geburt war/vnd sang dem kleynen kyndlein lob/vff erd vnd auch im hymmel drob/Kyrioleys.

Des frew sich alle Christenheyt/in der welt gantz weyt vnd breyt/ vnd sag Gott dem Herrē danck/ vom auffgang biß zum nydergang/Kyrioleys.

Dann so das kyndlein nit geborn/wern wir allzumal verlorn/dieweyl es nu geboren ist/so dancken wir dir Jesu Christ/Kyrioleys.

Dich

30

Dich bytten wir auch hertzigklich/ das
du vns wolst gnediglich/ itzund dein gna=
de geben/vñ darnach das ewig leben/Ky=
rioleys/Amen.

Vff den heyligen Christag.

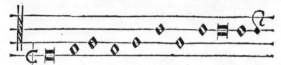

Dangk sagen wir   alle mit schalle dem

Hern vnserm Gott/ der durch sein geburt

vns er löset hat/ Von der teuffelischen

macht vnd gewalt/Dem sollen wir   mit
seitten

seinen Engeln frölich singen allzeyt

preyß in der ho he.

Vff den heyligen Christag.

In dulci iubi lo Nu singet vñ

seyt fro ynsers hertzens wonne leyt in

presepio/ Vnd leuchtet als die sonne

matris

matris in gremi   o   Alpha es et o

o Alpha es et o.

O Jhesu paruule / nach dir ist mir so
weh / tröst mir mein gemütte / o puer opti=
me / durch alle deine gütte / o princeps glo=
rie / trahe me post te / trahe me post te.

Vbi sunt gaudia / nyrged mehr dañ da /
da die Engel singen noua cantica / vnd die
schellen klingen / in regis curia / Eya wern
wir da / eya wern wir da.

Vff den heyligen Ostertag.

Christ ist erstan   den / von der marter
allen

al len/ des sollen wir alle fro sein Christ

soll vnser trost sein Kyrioleys.

Wer er nit erstan den/ die welt die

wer zergangen/ seyd das er erstanden

ist/so lobē wir den Herren Jesum Christ/Kyri.
Allelu

32

Allein ia Alle la Allelu

ia/ Des sollen wir alle fro sein Christ sol

vnser trost sein/ Kyrio leys.

Christ hat genommen dem Teuffel sein
gefangen/er nam sie ihm gar rechttiglich/
vnd fürt sie in seins vatters reych/ Kyrio
leys / Alleluia alleluia alleluia / des sollen
wir alle fro sein/Christ soll vnser trost sein
Kyrioleys.

Christ Gott des vatters sohn/ hat vor
vns genug gethon / vnsere sund bezalt al=
lein/des sollen wir ihm danckbar sein/Ky
rioleys/ Alleluia alleluia alleluia/ des sol=
len wir alle fro sein/ Christ soll vnser trost
sein/ Kyrioleys.

                                    Christ

Chriſt hat erlöſet vns/vñ widerbracht
ins vatters gunſt/ durch ſein zartes bluth
ſo rodt/ gefreyet von dem ewigen todt/Ky
rioleys/Alleluia alleluia alleluia/Des ſol=
len wir alle fro ſein/ Chriſt ſoll vnſer troſt
ſein/Kyrioleys.

Auff den heyligen Oſtertag/
Auffart tag/vnd Pfingſtag/mit
verenderung etlicher wort.

Königyn der hymmel frew dich Ma=
ria/Den du haſt entpfangen/ der iſt vom
todte aufferſtanden/Bitt Gott vor vns/
Alleluia.

Vff den heyligen Oſtertag.

In dieſer zeyt loben wir all/   Allelu=
Welcher mit gantz frölichē ſchal/Allelu=

la   Chriſtum vnſern Herren
is   Vffer   ſtanden iſt von
                                vnd Gott

vnd Gott/Alleu   ia/   Sein lieben
dem todt/Allelu   ia/

Jünger erschie   nen/   Alle lu

ia/ Vnd den frid gewünschet ihnen

Allelu   ia/ Ihr freud vorgaß da al

ler nodt/ Alleluia Allelu   ia.   E Das

Das leben hat er widerbracht Alleluia
Jn diesen gnadreichen tagen Alleluia.
Vnd hat des Teuffels grosse macht Allel.
Alß vns die heylig Schrifft thut sagen /
	Alleluia.
Geschwechet vñ gedempffet gar Alleluia.
Der zu vor gantz gewaltig war Alleluia.
Vnd thet vns seer grossen schaden /Allelu.
Nu sollen wir all frölich sein Alleluia
Retz vnd zu allen gezeytten Alleluia
Das Christus vnser Herr gemeyn Alleluia
Vnd den rechten weg wil leytten Alleluia.
Zu seynem vatter vor hyn gon Alleluia
Vnd vns öffen die pfort vnd ban Alleluia
Am hymmel die stat bereytten /Alleluia.
Da hyn hilff vns o Jesu Christ Allelu.
Deynes vatters eyniger sohn Alleluia
Dieweyl du vfferstanden bist Alleluia
Theyl vns auch mit des hymmels Kron /
	Alleluia.
Gyb das wyr frölich auch vff stôn Allelu.
Jm hymmel ewig freuden hon Alleluia.
Vnd dich loben ohn vnderlon / Alleluia.

		Amen.

				Vff das

Uff das Fest Conceptionis
auch zu andern zeytten.
Das teutsch Salue.

Fraw von hertzen wir dich grüssen/Köni‑
Vnser leben vnser süsse/ Vn ser

gyn der barmhertzig keyt/ Zu dir
trost der gruß sey dir bereyt/

wyr schreyen ellen de kynder Eue in

dem yamerthal/Zu dir wir seufftzen klagen/
E ij de

de weynende in diesem zeherthall

Eya darumb so du bist vnser vorsprechli=

che zuflucht Dein barmhertzige au=

gen zu vns wen de Vnd den heylland

Jesum Christ deynes leybs ge segen te
frucht

35

frucht/erzeyg vns nach diesem Ellen de/

O du barmhertzi ge/ O du gütti ge/ O

du süsse Jungfraw mutter Maria.

Uff das fest Natiuitatis Ma
rie/Auch zu andern zeytten.

Dich fraw von hymmel ruff ich an/ in
Gegen Gott ich mich verschul det han/Sprich

E iij diesen

diesen grossen nötten mein/ Von deiñ kyndt
das ich sey der diener dein/

Maria wend sein zorn von mir Tröstlich

zuflucht hab ich zu dir Hilff bald

ich forcht der todt kom schyr.

Maria mein beschyrmerin / du mutter
Gotts vnd Jungfraw zart / Wie gar be=
trübt synt al mein sind/ so ich gedenck ans
todtes fardt/ vñ styrb vor angst / das mir
vor

vor langſt hett woll gebürt/zubedencken
was mein ſeel anrürt/mich hat doch frey
er will verfürt.

Darumb halt für du reyne magdt/der
ſunde ablaß mir erwirb/dweyl dein kyndt
dir doch nichts verſagt/vñ ichnit weiß nu
wann ich ſtyrb / ſo trag ich doch der rew
ers joch/vnd bger genad/Rew/buß/für
ſatz/ich vff mich lad/hilff das der leyb der
ſeel nit ſchad.

Vff das Feſt Annuntiati onis ſoll geſungen werden / Ge grüſſet ſeyſt du Maria etc.

Vff das Feſt Viſitationis Marie / vnd zu andern zeytten.

Mein ſele macht den Herrē groß Mein geyſt
Jn Gott mein heyl on vnderlaß Dweyl er

E iiij hat

hat auch erfrewet sich
hat an-ge segen mich/ Seiner magd demut

nit voracht/ Die vns alle groß vor ihm macht

Er verleyh vns die gnedig lich.

Ein ander Melodey.

Mein sele macht dē Herrē groß/Mein
geyst hat auch erfreu♦
In Got mein heyl on vnderlaß/Dweyl er hat angese
wet

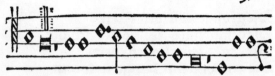

wet sich /
hon mich ſeiner magd demut nit hacht / die vns al‑

le groß vor ihm macht / er bleyb vns die gnediglich.

Sich hynfort biß zum ende der welt
All geſchlecht mich preyſen werden
Dann diß alſo Gott wolgefelt
Der regirt hymmel vnd erden
Groſſe gnad hat er mir erzeygt
Vor andern was er mir geneygt
Mächtig vnd heylig iſt ſein nam.

Auch iſt groß ſein barmhertzickeyt
Streckt ſich von geſchlecht in geſchlecht
Allen menſchen iſt die bereyt
So ym hertzen ihn förchten recht
Sein ſtarcker arm hat übet gwalt
Vnd zerſtrewet gar manigfalt
Die geyſthoffertigen menſchen.

Des ehren ſtüls hat er entſazt

Die großgewaltigen Herren
Die demüttigen sehr hoch geschatzt
Sie begabt mit hohen ehren
Die arm vnd sehr hungerig waren
Hatt er erfült mit sein gnaden
Die reichen lehr lassen fahren.

Israhel sein erwelts geschlecht
Hatt er hertzlich vffgenommen
Vff das Abrahe seynem knecht
Auch seinem heyligen somen
Bewysen würd barmhertzigkeyt
Ihm verheyschen in ewigkeyt
Darzu vnssern heylgen vettern.

Gott vatter sohn vnd heylgem geyst
Sey lob ehr vnd preyß ohn ende
Der allezeyt vns treulich leyst
Seine hylff bald vnd behende
Wie er vns dann vertröstet hat
Auß grossem gunst vnd lautter gnad
Von hertzen wir ihm dangksagen.

Amen.

Vff das

Vff das Fest Johannis
Baptiste/auch zu an=
dern zeytten.

Gelobet sey Gott vnser Herr/ Dz allezeyt

Bewiesen hat er vns groß ehr/Auch bedacht

glaubet Israel/   Sein liebß volck hat er

das heyl vnser seel   heym ge=

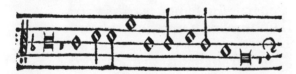

sucht vnd er löst vom ewigen fluch/

Das

Das soll vns hertzlich erfrewen.

Vns hat er auffgericht ein horn
Messiam/vnsern höchsten schatz
Von Dauids hauß/ist er geborn
Diß zeüget das alt vnd new gesatz
Als er vorhin vorheissen het
Durch die Propheten er das thet
Do er redet durch ihren mundt.

Mit gwalt er vns errettet hat
Von vnseren feinden allen
Das war die aller gnadreichst that
Hertzlich soll vns das gefallen
Die handt hat er auch schwach gemacht
Die vns gern het vmbs leben bracht
Vnd vergeblich auch gehasset.

Vff das er sein barmhertzickeyt
Vnsern vettern erzeygen thet
Vnd hylt sein bundt zu rechter zeyt
Mit dem er sich verpflichtet hett
Dann ein lang zeyt het er zuuorn
Dem Abraham ein eyd geschworn
Seines bunds nit zuuergessen.

Vff das wir loß wurden gemacht
Von der

Von der feynden gwaltigen handt
Sein Gottsdienst hetten in der acht
Vnd strebten nach dem vatterlandt
Durch vnsers leben heyligkeyt
Vnd gutter werck gerechtigteyt
Das ist der weg zur seligkeyt.

   Vnd du kyndt mein geliebter sohn
Des höchsten prophet würst du sein
Jm geyst von dem Herren hergon
Vnd seine weg bereytten fein
Dar zu die kunst der selickeyt
Sein volck leren in der warheyt
Von sünden sie frey zumachen.

   Wir bitten durch die güttickeyt
Die Gott zu gnaden bewegt hat
Zu trösten all in ihrem leyt
So da sitzen ins todtes schadt
Wolst o Messia durch dein liecht
Erschein den so dich kennen nicht
Dweyl Oriens dein namen ist.

   Auch vnser füß recht richten an
Von dir gar nit ab zuweichen
Sonder zu ghön die schlechten ban
Deinen fryden zuerreychen
Vff das vns durch die eynigkeyt
Zukhom deines reichs sicherheyt
Daruff wollen wir all hoffen.

   Ehr sey dem vatter vnd dem sohn
                 Dar zu

Dar zu auch dem heylgen geyst
Die allzeyt treulich vns beyston
Das ist vnser trost allermeyst
Des dangken wyr ihnen billich
Jtzundt hynfort vnd ewigklich
Gott woll das gescheh auß hertzen.

Amen.

Vff das Fest Purifica=
tionis Marie / auch zu
andern zeytten.

Als Maria nach dem gesatz   Je sum
Da pflegt Symeon seins gebets Bewegt

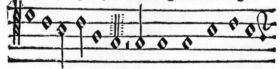

Christum in Tempel bracht/
     Das er yn geyst ins Gots=
würd er auch auß andacht
         hauß

hauß kam Vnd Jeſum vff ſei=

ne arm nahm/ Lobet Gott mit lautter ſtym.
Treulich redt er alſo mit ihm.

O Herr dein wort iſt worden war
Das der heylg Geyſt mir hat geſagt
Da hyn ich nu ym fryden fahr
Ein end hat ytzs meins hertzen klag
Dweyl ich mit dieſen augen mein
Geſehen hab den Heyllandt dein
Den du allem volck haſt geſendt
Deren augen warn gar verblendt.

Zu erleuchten mit ſeinem liecht
Die gemeyn gantze heydenſchafft
Welche dich noch recht kennen nicht
Auch deiner Gotts ehr nye geacht
Das iſt deim volck ein groſſe ehr
Dweyl von ihm geborn iſt der Herr
Nach ſeiner heyligen menſcheyt
Mit welcher er ſich hat bekleydt.

Gott

Gott dem vatter vnd seinem sohn
Darzu auch dem heylgen geyst
Sey lob/dangk/ehr ins hymmels thron
Solches ihr maiestat erheischt
Das soll geschehen stettiglich
Gott würdt es belohnen reychlich
Nach dieser zeyt in ewigkeyt
So wyr kommen zur seligkeyt.
Amen.

Vff das Fest Assumptionis Marie.

Wir sollen all dangk sagen Gott Vnd
Vberwunden hatt heut den todt Ma=

vnser hertz auch frewen sich/
ria vnd lebt ewig lich/

Das wissen
wyr/das

wir/das ihr begyr/zu al ler zeyt/vor⸗

langt hat nach der se ligkeyt/die da

bleybetin e wig keyt.

O wie gar groß ist nu dein freud
Maria edle Jungfraw zart
Sich hat geendet all dein leyd
In deiner heylgen hymmelfart
In Gottes reych ist niemant gleych
Nach Christo dir/Das beken⸗
nen vnd glauben wyr
Du bist der heylgen höchste zyr.
Du Engelische Rönygin
Vnd mutter Gotts von edler art
Bedengk du vnser nodt vnd pein
§ In vnser

In vnser letsten hynnefardt
Hilff vns zu dir/gar bald vnd schyr
Erwirb auch vns/durch deinen sohn/des
vatters gunst
Al hoffnung ist on ihn vmb sunst

Vff die Fest der heyligen Apo steln/soll das lied gesun gen werden.

O Jesu Christe Gott vnd Herr

Dir sey ewig dangk lob vnd ehr/ Du hast

nach deiner hym melfart/ Als ein
vatter

vatter   vns woll bewart.

Gantz klärlich durch dein heilges wort
Gezeygt den weg zur hymmelpfordt
Durch die heylgen Apostel dein
Vns das gelert lautter vnd rein.

Durch sie synt wir worden glaubig
Vnd der abgötterey ledig
Hoch hastu sie vnd groß geacht
Lychter der gantzen welt gemacht.

Sie vns auch zu eym saltz geben
Welches not war zu vnserm leben
Vff das durch ihr heylg werck vnd lehr
Dasselbig würd gebessert sehr.

Du bist ihn gewesen geneygt
Vnd auch grosse freundtschafft erzeygt
Dein geheymnüß war ihn bekandt
Brüder vnd freundt hast du sie gnant.

O das ist ein groß herlickeyt
Die weren würdt in ewygkeyt
Ein brüder vnd freundt Christi sein
Vnd all ding mit ihm haben gemeynt.

                                F ij   O ihr

O ihr heyligen zwolff botten
Hôrt was hat Gott von euch gbotten
Wer sich sein hie nit wil schemmen
Der sol euch als ihn vffnemmen.

Fürsten seyt ihr der gantzen welt
Auch gut hyrten von ihm bestelt
Das ihr vns solt woll regiren
Vnd vff seine weg stets führen.

Mit seym wort hieß er vns weyden
Allen hůnger zuuermeyden
Das hat ihr getreulich gethon
Vnd von ihm entpfangen den lohn.

Nu seyt ihr kynder in seym reych
Vnd seinen Engeln worden gleych
Erlangt hat ihr die sicherheyt
Widerfahren kan euch keyn leyd.

Euch ist das auch ein ewig ehr
Die wir von niemand lesen mehr
Das er die kirch sein heylge stat
Vff sich vnd euch gebawet hat.

Denn ihr seyt die zwölff fundament
Die mann itzund zwölff botten nent
Ewer namen synt woll bekandt
Angeschrieben von Gottes handt.

Dar zu seit ihr auch außerwelt

Das

43

Das ihr solt richten die gantz welt
Mit Christo vnserem Heylandt
Dem alle hertzen synt bekandt.

Zu euch stet nu vnsere bytt
Das ihr yhe wolt vergessen nit
Vnser gegen Gott dem Herren
Das er sich zu vns wol kheren.

Vnd stellen zu seiner grechten
So er würdt alle geschlechten
Vrtheyln nach der gerechtigkeyt
Die bleyben würdt in ewigkeyt.

Diese folgende tzwey gesetzlein/
sollen gesungen werden vff den
tag des tzwelff botten des Feyr
man begehet / mit vormeldung
seins namens.

Heut an diesem heyligen tag
Sich an vnser ellend vnd klag
Sanct . N. du tzwelffbot des Herrn
Hilff das wir vns zu Gott bekern.

Dein vorbitt thue vor vns zu Gott
Das er vns helff auß aller nodt
Heut zutag durch die vorbitt dein
Vff das wir ewig selig sein/ Amen.

J iij   Eyn

Ein ander Lied von den
heyligen Aposteln.

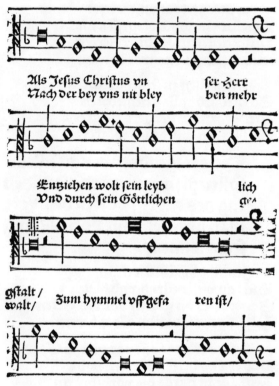

Als Jesus Christus vn
Nach der bey vns nit bley
ser Herr
ben mehr

Entziehen wolt sein leyb
Vnd durch sein Göttlichen
lich
ge=

gstalt /
walt /
Zum hymmel vff gefa
ren ist /

hat er vns zu der selben frist Sein zwölff bot=
ten

ten gelaffen hie.

Das fynt die lychter diefer welt
Vnd auch das gutt falg der erden
Vnder Chriftus freunde gezelt
Die mit ihn ewig leben werden
Sie werden vnfer richter fein
So Chriftus vns alln wirt erfcheyn
Mit fein Engeln am Jüngften tag.

In die gantze welt weyt vnd breyt
Ift ihre ftym außgegangen
Vnd zum glauben das volck bereyt
Alfo die menfchen gefangen
Sehr groß hat fie Chriftus geacht
Vnd gewaltige Fürften gemacht
Seine kyrchen zu regyren.

Dich bitten wir o Herr vnd Gott
Vmb deiner zwölff botten willen
Wolft vns helffen auß aller nott
Vnd behüten vor der hellen
Durch Jefum Chrift deinen fohn
Hylff lieber Herr ohn vnderlon
Laß vns in funden nit fterben.

Diefs

Dieß Gesetz soll gesungen wer=
den am tage des zwelff botten
des feyr man begeht/ mit vor=
meldung seins namens.

Sanct N. du heylger zwelffbot
Wir bitten dich heut sunderlich
Erwirb vns gnad bey vnserm Gott
Das er vns geb das hymmelreych
Ach lieber Gott das wolst du thun
Vnd vns der vorbitt gniessen lon
Durch Jesum Christ vnsern Hern.
Amen.

Ein Bitlied zusingen zur zeyt
der Bittfartten ym anfang
der procession.

In Gottes namen fahren wir/ Seiner gna=

den bege   ren wir/ Verleyh vns die auß
gütti=

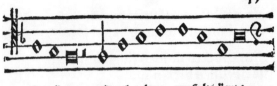

güttickeyt/ O heylige tryfaltickeyt/

Ky ri eeleyson.

In Gottes namen fahren wir
Zu Gott dem vatter schreyen wir
Behut vns Herr vorm ewigen todt
Vnd thu vns hilff in vnser nodt/ Kyriele.

In Gottes namen faren wir
Zu vnserm Heylland ruffen wir
Das er vns durch die marter sein
Machen woll von den sunden rein/Kyrie.

In Gottes namen fahren wir
Vom heylgen geyst begeren wir
Das er woll erleuchten vns
Durch die rechten Göttlichen kunst /
                    Kyrieeleyson.

In Gottes namen faren wir
Maria zu dir kommen wir
                  F   v   Dein

Dein vorbit wolst mittheylen vns
Vnd erlangen die gnad deins sohns/Kyr.

In Gottes namen fahren wir
Alle heyligen bitten wir
Das sie durch Christum vnsern Herr
Des vatters hüld vor vns begern/ Kyrie.

In Gottes namen fahren wir
In dich allein Herr glauben wir
Behüt vor des Teuffels lyst
Der vns allzeyt nachstellen ist/ Kyriecley.

In Gottes namen fahren wir
Auff dein tröstung Herr hoffen wir
Gyb vns fryden in dieser zeyt
Wend von vns alles hertzen leyd / Kyriel.

In Gottes namen fahren wir
Seiner verheyssung wartten wir
Die frucht der erden vns bewar
Von dem wir leben das gantz jahr/ Kyri.

In Gottes namen fahren wir
Keyn helffer ohn ihn wissen wir
Vor Pestilentz vnd hungers not
Behüt vns lieber Herre Gott / Kyrieeley.

In Gottes namen fahren wir
Allzeyt dir Herr vertrawen wir

Mach

Mach reyn deyn kyrch von falscher lehr
Vnd vnser hertz zur warheyt kehr / Kyrie.

Jn Gottes namen fahren wir
Welchen allein anbetten wir
Vor allem übell vns bewar
Herr hilff vns an der Engell schar /
Kyrieeleyson.

Amen.

Ein geystlich Dangklied / vor
die Göttlichen gutthat / mag zu al=
len zeytten gesungen werden.

O Gott vatter dangk sag ich dir / Gnedig=
Bega bet mit der höchsten zyr Nach dei=

lich hastu vns be dacht/ Durch Adams fall
ner byldtnüß vns gemacht/
warn

warn wir verlorn/ Das jamert dein barm=

hertzickeyt/ Drumb hast du auch dein gros=

sen zorn/Verwandelt in die güt   ti=

ckeyt/Das wir möchten selig wer   den.

Christum hast du zu vns gesandt
Alle sünd vff ihn geladen
Er ist worden vnser Heyllandt
hat gewendet allen schaden
Er hat bezalet alle schuld

Den

Den Tauff vnd glauben vns gelert
Vns widerbracht yns vatters huld
Durch sein heylges wort vns bekert
Vnd verdienet das vatterland .

   Christe dir sey dangk/lob vnd ehr
Für dein grosse marter vnd peyn
Ohn dich ist gar keyn Heylland mehr
Erlöset hast du vns alleyn
Den hymmel auch vffgeschlossen
Vnd den weg vns gantz woll bereyt
Auch gemacht deyn erbgenossen
In der ewigen selickeyt
Da vnuormychst bleybt vnser freud.

   Dir soll auch sagen allzeyt dangk
Das volck der gantzen Christenheyt
Vom vffgang biß zum nydergang
Das du in aller gferlickeyt
Durch dein Engeln vns thust bewarn
Vnd in sunden nit last sterben
Das werden alle die erfarn
Die recht leben hie vff erden
Gegen Gott vnd auch den menschen.

   Gleycher dangk sey dir heylger Geyst
Für dein genedige gutthat
Zum gutten du vns reytzst vnd weyst
Wie vns Christus geleret hat
Durch dich synt wir widergeborn
Im heylgen Glauben vnd dem Tauff
             Zu Got

zu Gottes kyndern außerkorn
Hylff das wir enden vnsern lauff
In einem heyligen leben.

   O heylige tryfaltickeyt
Danck sagen wir dir ewiglich
Du tröstest vns zu aller zeyt
Vnd hilffst vns auch gnediglich
Leyb vnd seel befelhen wir dir
Vnser hertz wolst du bereytten
Durch dein gnad zu heylger begyr
Vnd nach deinem willen leytten
Vns endtlich auch selig machen.
        Amen.

Ein Letaney zur zeyt der Bitz
farten vff den tag Marci/ vnd
in der Creutzwochen.

Gott der vatter won vns bey vnd   laß

vns nit verderben/   Mach vns aller sun-
                        den frey

den frey vnd   helff vns selig   sterben/

Vor dem Teuffel vns behüt   Durch einen

rech   ten   glauben   Bewar vns vor der

hel   len glut   Durch ein hertzlichs vtrawen

wir befelhen vns dir gar   in aller vn/
                                        ser nodte

ser nodte/ Das du vns behůt ten wolst

vor dē ewigen todte/Kyrieeleyson Christeeleyson

Gelobet seyst du ewicklich.

Jesus Christus wonn vns bey vnd laß
vns nit verderb. et c.

Heylig geyst der wonn vns bey vnd laß
vns nit verderb. et c.

Maria Gottes mutter wonn vns bey/
vnd hilff vns gnad erwerbē / Das wir der
sunden werden frey vnd entlich selig ster‑
ben/deine vorbit vns mitteyl reyne magd
Maria/zu erlangen ewigs heyll/ so singen
wir alleluia/Alleluia singen wir Gott vñ
dir zu lobe/ das er vns erzeygen woll seyne
Göttliche

Göttliche hůlde/Kyrieeleyson Chriſteeley
ſon/Gelobet ſey er ewiglich.

O heylige Engell wŏnt vns bey vnd
helfft vns gnad erwerben / das wir von
ſunden werden frey vnd entlich ſelig ſter⸗
bē/ Ewer vorbit vns mittheylt/ wie auch
thut Maria/zuerlāgen ewigs heyll ſo ſin⸗
gen wir alleluia/alleluia ſingen wir Gott
vnd euch zu lobe/das er vns erzeyggen woll
ſeine Göttliche hůlde Kyrieeleyson Chri⸗
ſteeleyson/Gelobet ſey er ewiglich .

Heylge Patriarchen
Heylige Propheten
Heylige Apoſtell
Alle vnſchůldigen kynder   wonet vns
Heylige Martyrer   bey vñ helfft
Heylige Beychttiger   vns gnad er
Heylige Jungfrawen   werben et ꝯ.
Heylige Wydtfrawen
Heylge Bůſſer vñ Bůſſeryn
Alle außerweltten

Ein andere Letaney vff die
vorbeſtimpttenzeyt.

G   O ewi

O ewiger vatter biß gnedig vns Zweyß

vns dein barmhertzickeyt all zeyt vnd

gnaden gunst Mach vns armen sundern

Christo gleych/ dar zu auch sein miterben

deines reychs heyliger Gott/ Durch die

marter

ter   angſt vnd nodt/Die er am Creutz ge=

litten hat da   er ſtarb eyns byttern

todts Kyrieeleyſon   Chriſteeleyſon.

O Chriſte heylger Heylland / hylff in
der nodt/zu dir ſteht vnſer hoffnung vnd
troſt/o warer Gott/des vatters zorn thu
ſtillen ewiglich/Biß aller ſunder mitler ge
nediglich/war menſch vñ Gott/durch die
marter angſt vnd ſpodt/ die du am Creutz
gelitten haſt / da du ſtarbts eins byttern
todts/Kyrieeleyſon Chriſteeleyſon.

Heyliger geyſt vñ trôſter bleyb ſtets bey
vns/Schenck vns deyne gaben/darzu der
lieben brunſt / Erleucht du vnſer hertzen/

G   ij   durch

durch dein schein/ vnd mach vns aller sün
den frey vñ gantz rein/Heyliger Gott von
vns wolst auch nit weichen in der nodt/so
vns die Hell würdt engsten mit dē teuffell
vnd dem todt Kyrieeleyson Christeeley.

O jungfraw zart Maria bitt Gott für
vns/die gnad hilff vns erlangē Jesu deins
liebsten sohns / das er woll bedencken vn⸗
ser nodt/Vnd vns auch allen trōstlich sein
mit seiner hilff / War mensch vnd Gott
durch die marter angst vñ spodt/die er am
creutz gelitten hat/da er starb eins bittern
todts Kyrieeleyson Christeeley.

O ihr heylgen Engel bit Gott vor vns
durch vnsern lieben Herrē Jesum/ vmb sei
nen gunst/das er wol bedecken vnser nodt
vñ vns allen trōstlich sein mit seiner gnad.
Heyliger Gott / Durch die marter seins
sohns der am Creutz gestorben ist für vns
eins bittern todts Kyrieeleyson Christeel.

Jhr heyligen Patriarchen
Jhr heyligen Propheten
Jhr heyligen apostel Bittent
All vnschüldige kynder Gott vor
Jhr heylige martyrer vns durch
Jhr heylige beychttiger vnsern ꝛc
Jhr heyligen Jungfrawen
Jhr heyligen Wydtfrawen

        Jhr

Ihr heyligen Büsser vnd Büsserin etc.
Alle außerwelten/ Bittent Gott vor
vns durch vnsern lieben Herren Je.et c.

Vff den tag der frölichen
Hymmelfart Christi.

Gelobet   sey Gott ewiglich   Allelu-
Geöffet   ist das hymmelreych Allelu-

ia,   Denn nu synt alle ding volbracht
ia/Die pfordt hat Christus vffgemacht

Alle   lu   ia   Heut hat er vns be-
Alle   lu   ia

G iij   reyt

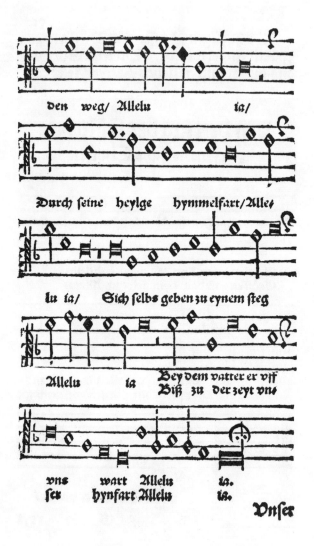

den weg/ Allelu ia/

Durch seine heylge hymmelfart/Alle-

lu ia/ Sich selbs geben zu eynem steg

Allelu ia Bey dem vatter er vff
Biß zu der zeyt vn-

vns wart Allelu ia.
ser hynfart Allelu ia.

Vnser

Vnser schwacheit ist ihm bekāt Allelu.
Drumb thut er stets für vns bitten / Alle.
Vns reychet er auch seine handt Alleluia
Für die er hat vill gelitten Alleluia
Zu ihm soll vnser zuflucht sein Alleluia
Güttig ist er vnd auch gantz mildt Allelu.
Der höchst priester ist er allein
Sein opffer für vns ewig gylt Alleluia
Das hat des vatters zorn gestilt. Alleluia.

Tröstlich ler hat er vns geben Alleluia.
Vom tauff vnd auch von dē glauben All.
So wir nach der werden leben Alleluia
Vnd sein gebot in acht haben Alleluia
Den heylgen geyst wurdt er senden Allelu.
Mit ihm bey vns allzeyt bleyben Alleluia.
Sein trost nymmer von vns wenden
Alles hertzleyd vns vortreyben Alleluia
Bey vns würdt sein gnad bekleiben. Alle.

O Christe heyliger Heyllandt Alleluia.
Bey dem vatter vnser gedenck Alleluia
Den heylgen geyst gib vns zu pfandt Alle.
Seine gaben du vns auch schenck Alleluia
Das wir gantz sicher mit gedult Alleluia
Erwartten deiner verheyssung Alleluia
Erwyrb vns deines vatters huld Allelu.
Die ist vnser höchste tröstung Alleluia
Danck sey dir deyner erlösung Alleluia.

G üij   Vff

Vff den tag der frölichen
Auffart Christi/ein an=
der geystlich Lied.

Als Jesus Christus vnser Herr/Von todten
Sein Jünger das erfrewet sehr/Dar zu die

vfferstanden war/   Viertzig tag blieb er bey
Christenliche schar

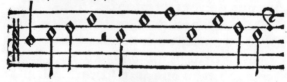

ihnen/   Viell mall ist er ihn er=

schienen/Von Gottsreich thet er ihn sagen.

Da

Da sich die zeyt vorlauffen hett
Ist er wyderumb erschienen
Sein Jünger er mehr trösten thet
Biß yns end wolt er ihn dienen
Vnglauben vnd hertherzickeyt
Strafft er hårt doch auß güttickeyt
Jm glauben wolt er sie stercken.

Er gab ihnen ein tröstlich letz
Da er sich von ihn wolt scheyden
Die solten sie behaltten stets
Zu eym trost in ihrem leyden
Den heylgen geyst wolt er senden
Vnd von ihn sein trost nit wenden
Jhr lehr wolt er bekrefftigen.

Den segen hat er ihn geben
Ist gangen in sein herlickeyt
Regyren würdt er vnd leben
Ins vatters reich in ewigkeyt
Herlich würdt er wyderkommen
Zu vrtheylen böß vnd frommen
O Herr stell vns zur rechten handt.
Amen.

Vff den heyligen Pfing-
stag vor der Predig.

G v Nubis

Nu bitten wir den heyligen geyst vmb

den rechten glauben allermeyst Das er

vns behüte an vnserm ende wen wir

heymfarn auß diesem ellende Kyrioleys.

Erleucht du vns o ewiges liecht
Hilff das alles so von vns geschicht
Gott sey gefellig durch Jesum Christum
Der vns macht heylig durch sein Priester-
thum/Kyrioleys.

O hey-

O heyligſte lieb vnd gůttickeyt
Durch deine gnad vnſer hertz bereyt
Das wir vnſern nechſten Chriſtlich lieben
Vnd ewig bleyben in deinem fryden Ayri.
  O hôchſter trôſter vnd warer Gott
Hylff vns getreulich in aller nodt
Mach rein vnſer leben Schenck vns dein
      gaben
Laß vns nit weichen vom rechten glaubē.
    Kyrioleys.

Vff den heylig Pfingſtag
nach der Predig.

Kom heyliger geyſt   Herre Gott erfüll mit

deiner   gnaden   den gutt   deiner glaubi-
                              gen

gen hertz mut vnd siñ/dein brünstig lieb er⸗

zünd in ihn/ O Herr durch deines liechtes

glantz zu dem glauben versam let

haft das volgk auß aller welt zungen

das sey dir Herr zulob gesungen Al le

luia

luia   Allelu   ia.

O heylges liecht won vns bey
Mach vns aller blyntheyt frey
Laß vns durch keyn falschen scheyn
Abführen von den wegen dein
Behüt vns vor den Propheten
Die Gottes wort vnrecht deutten
Sein glauben mit mund bekennen
Vnd die kirchen doch zertrennen.

O höchster tröster, vnd heylgste lieb
Durch dein gnaden vns vergyb
Vnsere sünd vnd missethat
Die Gott schwerlich erzürnet hat
Verleyh vns auch gnediglich
Das wir Gott lieben brünstiglich
Auch vnsern nechsten allezeyt
Groß ehr sey dir in ewigkeyt /

Amen.

Vff

Uff das heylig Fest des zarten fronleychnams Christi vnd zur zeyt gemeyner procession / so mann das heylig Sacrament vmbtregt.

Mein zung erklyng vnd frölich syng von

dem zartten leych nam fron Vnd von

dem blut vnd köstlichem dyng das gossen

hat der welt zu lohn frucht des leybes

bes reynes · weybes Der kónig al∤

ler völcker ſchon.

    Vns geboren außerkoren von der zart∤
ten Junckfraw fein / Bey vns drey vnd
dreyſſig iharen außgeſprengt den ſomen
ſein da beſchloſſen vnuerdroſſenSein zeyt
in wunderwergk vnd peyn.

    Auff das letſten nachtmalß eſſen / als
er bey den brüdern ſaß / Das Geſetz wardt
nit vergeſſen als er dz oſterlemlyn aß wolt
er ſenden mit ſeinen henden den Jüngern
ſich zu einem maß.

    Das wort war fleyſch vnd hatt das
brodt mit ſeym wort zu fleyſch gemacht /
Wein verwandelt ſich in blut / wiewol ver
nunfft das nicht verſtadt / Vns zuſtercken
iſt zu mercken / Allein ein gutter Glaub iſt
nodt.

                     Darumb

Darumb laſt vns fleiſſig ehren/ Ein ſo
groſſes ſacrament/das new iſt vnd macht
auff hören/das geſetz des alten Teſtamẽts
Vnſer glauben den wir haben/ſoll erſtat=
ten vnſern verſtandt.

Lob vnd freud ſey Gott dem Vatter/
Gott dem ſohn ſey heyl vnd preyß/krafft/
zyr/ewig ſegen gybt er dem geyſt der vonn
ihn beyd entſpreuſt / Lob des gleichẽ ewi=
glichen võ ihm alle gnad vñ tugent fleuſt.
Amen.

Ein geyſtlich Lied von dẽ hey=
liген hochwirdigẽ Sacrament des
Altars/zuſingen auff die vor=
beſtimpten zeyt.

Jeſus Chriſtus vnſer Heyllandt/Den

vns der vatter hatt geſandt / Hat vns
armen

armen sundern zu gutt Vergossen

sein heyli ges blut.

An dem Creutz ist er gestorben
Hat den hymmel vns erworben
Von sunden vnd der hell erlost
Er ist vnser ewiger trost.

Vff das wir solchs vergessen nicht
Hat er groß wunder angericht
Sein fleisch vñ blut durch göttlich gwalt
Geben vnder brodts vnd weins gestalt.

O Christe heyliger Heyllandt
Vnser schwacheyt ist dir bekant
Geystliche sterck ist vns ser nodt
Gyb vns die durch dein heylges brot.

Vns hat vmbgeben grosser schmertz
Du wolst erfrewen vnser hertz h Vns

Vns trencken mit deym heylgen blut
Das der selen dürst leschen thut.

Von der gstalt laß vns nit zancken
Jm Glauben auch gar nit schwancken
Gantz vergeblich ist dieser zanck
Den wir haben von dem Kelchdranck.

Vnders brots gstalt ist auch dein blut
Welchs erkaufft hat das ewyg gutt
Drümb würdt vns das nit entzogen
Vnd werden wir nit betrogen.

Dürstet dich nach der selen heyll
Von der kyrchen dich nit abtheyll
Reychet sie dir eyne gestalt
Zu der selben allein dich halt.

Würdt sie mit der zeyt beyd reychen
So thu dich mit ihr vergleychen
Aber so lang biß das geschicht
Nach zweyen solt du ryngen nicht

Durch die geschrifft lehret vns Gott
Das er etlich seiner gebot
Jm fall der nodt gar nit erheyst
Als vns Christus auch selber weyst.

Dauid das heylg brott essen thet
Welches doch Gott verbotten het

Die

48

Die Priester vnd Machabeyer
Brachen auch den heylgen feyer.

Darzu ist das auch offenbar
Das die Jüden woll viertzig jair
Das groß gebot der beschneydung
Nachliessen/doch ohn verachtung.

Diese synt all ohn sund blieben
Denn die nodt hat sie getrieben
Vnd so die gewert hett ewig
Wern sie doch blieben vnschuldig.

Warumb soll dann die kyrch alleyn
In dissem fall verdammet sein
Welche regyrt der heylig Geyst
Vnd zur warheyt sie reytzt vnd weyst.

Das ist geredt als wers ein Gbott
Welches bey vielhn ein zweyffell hat
Vnd ob es schon wer gebotten
Wilt du drumb die kirch verspotten.

Christus hat beyd gstalt eingesetzt
Dern gebraucht sich die heylg kirch stetz
Im ampt der heyligen Messen
Das seins tod nit werd vergessen.

Den Leyen reycht sie ein gestalt
Das thut sie auß Gottes gwalt

h ij Denn

Denn die not hat das erfordert
Das sie solches hat verordnet.

Las vns nit lenger disputirn
Vnd die lieb darüber verlirn/
Das ist mein aller bester radt
Beweist den glauben mit der tadt.

So würdt Gott bald gnade geben
Der Kirchn nit zu widerstreben/
Vnd vns verleihen eynickeit
Die weren würdt in ewickeit.

O Christe gib vns gnediglich
Dich zuempfangen wirdiglich/
Im hochwirdigen sacrament
Das wir nit werden ewig gschendt.

Denn wer das vnwirdig empfecht
Vnd darüber nit büsset recht/
Den erschreckt billich dein vrteil
In deinem reich hat er keyn teil.

Dar vor behüt vns O Herr Gott
Las vns nit kommen in die not/
Durch die speis vnser hertz bereit
Das sie in jhm wirck ewig freud.

Amen.

Ein

49

Ein Lobgesang vom heyligen
hochwirdigen Sacramēt/auch auff die obgenanten tag vnd zeit zu singen.

Gott sey gelobet   vnd gebenedey   et
Mit seinem fleysche vnd mit seinem blutte

der vns selber hat gespeyset   Kyrieeley·
Das gyb vns Herr zu gutte

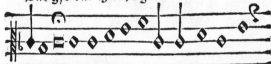

son/   Herr durch deinen heyligen leychnā der

von deiner mutter Maria kam/Vnd das
                        H iij heylige

heylige blut/ Hilff vns Herr auß aller nodt/ Ky

riee ley son.

Gott sey gelobet vnd gebenedeyet Der
vns grosse gnad verleyhet / Durch dieses
heylig hochwirdig Sacrament/ in seinem
newen Testament Kyrieeleyson/ Wider al
len hunger vnd auch durst/ wie du in dir
selbs erfarhn würst/ so du die heylge speyß
gebrauchen würst auff geystlich weyß Ky
rieeleyson.

Gott soln wir loben vnd auch gebene-
deyen/ vnd zu ihm auß hertzen schreyen/
Das er vns woll durch sein grosse gütti-
ckeyt/ verleyhen Christliche eynicheyt Ky-
rieeleyson/ Welche durch des brots vnd
weins gestalt/ bedeut würdt vns Christen
manigfalt/ vnd das ewig leben vns durch
die

die speyß auch geben/ Kyrieeleyson.

Gott sey gelobet vnd gebenedeyet/ der
vns alle hatt befreyhet/ Vons Teuffels
banden vnd der hellen glüte/ Durch sein
gnad vnd grosse gütte Kyrieeleyson/ Herr
durch dein grosse barmhertzickeyt gib vns
vor vnser sünd rew vnd leyd/ vnd zuthun
buß vñ beycht/ die zu deynem lob gereycht
Kyrieeleyson.

Gott sey gelobet vnd gebenedeyet/ der
vns nicht vormaledeyet/ vmb vnser sunde
vnd das böße leben/ Welches er vns will
vorgeben Kyrieeleyson/ Herr durch deyne
heylge marter groß/ da du hyngst am
Crentz nacket vnd bloß/ vor übell vns be-
war/ Hylff vns zu der Engell schar/ Ky-
rieeleyson.

Ein geystlich Lied von der er-
schaffung/ vñ erlösung menschlichs
geschlechts/ Mag gesungen wer-
den zur zeit der gemey-
nen Bitfart.

Die Ersten vier Gesetz mögen gesungen werden
wenn mann das Alleluia geleget hadt/ biß auff die
Marter woche.

h iiij So

So bald der mensch erschaffen war Ein seel hat
Gerecht macht er ihn gantz vnd gar Vnsterblich

ihm Gott geben/
war sein leben/
Er satzt ihn in das pa=

radeyß Gab ihm kunst vñ macht ihn gantz weiß

Alle dyng zu erkennen Er stelt ihm auch

in sein gwalt seyne geschöpff so manigfalt
Ihr

51

Ihr namen kondt er nennen.

Als er nu war in solchen ehrn
Thet er das nit erkennen
Er ließ sich die schlang verfürn
Vnd sich von Gott abwenden
Klug wolt er werden gleich als Gott
Vnd thåt das jhm der Herr verbot
Jhm vnd vns alln zu schaden
Dweyl auch der apffell war schon
Brach er den ab vnd aß dar von
Vnd thet sund vff sich laden.

Sein vngehorsam war sehr groß
Gott wolts von ihm nit leiden
Das Paradeiß er ihm zu schloß
Vnd ließ ihn drauß vertreyben
Er kam darüber in groß leydt
Das wert noch biß zu dieser zeyt
Bey allen menschen kyndern
Dem todt niemant entlauffen kan
Das selb wir all von Adam han
Der vns gemacht zu sundern.

Der zeytlich todt alleyne nicht
Ist über vns gefållen

H   v   zu dem

Zu dem ander auch geschicht
Vnd kompt über vns allen
Wo vns nit hilfft der Herre Christ
Der vnser mitler worden ist
Den vns der vatter geben
Der vns zu gutt ist mensch geborn
Das wir nit all würden verlorn
Sonder ewiglich lebten.

Diese folgende Sieben Gesetz / mag mann füg-
lich singen vff das Fest der Verkündigung Mariæ.

Als sich nu Gott erbarmen wolt
Vber vns armen leutte
Vnd vns widerumb werden holt
Gleych zu der selben zeytte
Gabriel von Gott ward gesandt
Auß hymmels thron in vnser landt
Zu Maria der reynen
Er machet sich recht sichbarlich
Vnd grüsset sie gantz züchtiglich
Mit ihr redt er alleyne.

Gegrüsset seyst du Junckfraw zart
Du bist voll Gotts genaden
Der Herr mit dir ● edle art
Gesegnet vnd zuloben
Vnder den frawen sonderlich
Vnd gefreyet genediglich
Gott hatt dich außerkoren

Maria

52

Maria do gar sehr erschrack
Dweyll ihr biß vff den selben tag
Solch Grüß nye kam zu oren.

    Als nu der Engell das vermerckt
Zuhandt gar züchtiglichen
Er sie mit wortten freuntlich sterckt
Recht thet er sie berichten
Das ihr keins förchtens were nodt
Denn sie hett gnad funden bey Gott
Den menschen all zu troste
Vnd das sie würd ein kyndelein
Entpfahn in ihrem leybe rein
Das vns all gleich erlöste.

    Wenn nu das kyndlen würdt geborn
Jesum solt du es nennen
Denn es würdt Gottes vatters zorn
Durch seine marter wenden
Des höchsten Sohn würdt es genant
Vnd auch sehr groß in allem landt
Gott der Herr würdt ihm geben
Den stül Dauids des vattern sein
Glaub du mir zartte Junckfraw fein
Sein reich würdt ewig wehren.

    Wie ists müglich das diß geschicht
Sprach sie dar auff zu hande
Denn des byn ich gar nicht bericht
Ich weiß von keynem manne
Der Engell sagt/ Nu merck mich woll

                                Bericht

Bericht dir recht geschehen soll
Der heylige geyst von oben
Vnd auch des aller höchsten krafft
Der all dyng hatt in seiner macht
Würdt dich Junckfraw vmbschatten.

Das heylig das auß dir geborn
Würdt Gottes sohn genennet
Auch zartte Junckfraw außerkorn
Hör mich zu dir gesendet
Elizabeth die mumme dein
Tregt auch ein kleines kyndelein
Biß in den sechsten monden
Wie woll sie alt vnd hat vill jair
Auch vnfruchtbar genennet war
Ist doch ein sohn vorhanden.

Denn bey Gott nichts vnmüglich ist
Das weyst du Junckfrawe reyne
Maria zu der selben frist
Die antwort ihm gar feyne
Ich byn ein magd des Herren mein
Mir geschehe nach dem wortte dein
Als bald ward do entpfangen
Gotts vatters sohn der Herre Christ
Der vnser mitler worden ist
Des hilff wir han bekommen.

Diese volgende drey gesetz / mögen füglich auff
Visitationis Marie gesungen werden.

Der Engel schied wyder hyndan
                              für da

Für daher er war kommen
Vbers gebyrg Maria kam
Sie grüsset ihr Mummen
Die ward des heylgen Geystes voll
Vnd redet von Maria woll
Du bist gebenedeyet
Darzu die frucht des leybes dein
Soll auch gebenedeyet sein
Von aller welt gepreyset.

 Elizabeth auch weitter sprach
Wie kom ich zu den ehren
Das zu mir armen weybe doch
Die mutter meines Herren
Gekommen ist woll in mein hauß
Nym war als ich gehort dein gruß
Hat sich das kyndlen kleyne
Das ich itzt trag in meinem leyb
Mit frölichem springen erzeyge
Sag ich dir Junckfraw reyne.

 Selig bist du Maria zart
Das du des Engels wortten
Geglaubet hast fest vnde hart
New dyng werden geschehen
Es würdt erfüllet alles schyr
Was vom Herren ist gesagt dir
Maria thet anfangen
Zu singen das Magnificat
Gott zu lob sie das selbe that

Den sie

Den sie jetz hett vmbfangen.

Diese zwey folgende Gesetz/ sindt fügsam zum
Weinnachten zu singen.

Als nu ihr zeyt vorhanden war
Hatt sie ihr kyndt geboren
Da kam auch bald der Engell schar
Da des ortts hyrten waren
Den sagten sie die newe mehr
Das Jesus Christ geboren wer
Der gantzen welt zu freuden
Sie singen Gott dem Herren lob
Jhm sey ehr ym hymmell drob
Vff erd den menschen fryden.

In armut groß ist er geborn
Darzu an frembden enden
Die zartte Junckfraw außerkorn
Hat ihn mit ihren henden
Gewunden in die thüchelein
Geleget in ein Krippelein
Sunst war keyn raum vorhanden
Am achtten tag beschnitten ist
Sein nahm wart genant Jesus Christ
Sein leiden ist angangen.

Dieß Gesetz ist füglich auff der dreyer König
tag zusingen.

Die edle König weiß vnd reych
Kamen auß ferren landen
Zu dem kyndlan all zu gleych

Sie

Sie brachten ihm ohn schanden
Den Weyrauch Myrr vnd auch das Gold
Sie thetten ihm da ihre huld
Wie sich das hat gezymmet
Hernacher durch ein ander ban
Zogen sie wider all dar von
Vnd kamen in ihr Heymedt.

Dieß Gesetz ist fugsam zusingen auff Liechtmeß

Als viertzig tag vorlauffen sich
Wie ym Gesetz geschrieben
Die zartte Junckfraw seuberlich
Wolt lenger nit vorziehen
Sie nam ihr liebes kyndelein
Stalt das dem Herrn in Tempel ein
Dar zu kam auch der altte
Symeon der Gottforchttig man
Der Jesum in sein arme nahm
Vnd sich gantz ehrlich staltte.

Diese zwey gesetz syndt bequem auff der kynde-
lein tag zusingen.

Herodes auch gantz zornig wardt
Vff die edlen drey weisen
Das sie nit in der wyderfardt
Zu ihm hätten woln reysen
Zu Bethleem vnd da herumb
Ließ er bringen die kyndlein ymb
Jesum wolt er erwürgen

Aber

Aber wider Gott ist kein radt
Der hat ihn vor der bösen that
In Egypten verborgen.

    Als Herodes gestorben war
Der Jesum tödten woltte
Vnd sich vorlauffen sieben jair
Vnd er nu wyder soltte
Kommen in das Jüdische landt
Ward das gethon Joseph bekandt
Im schlaffe durch den Engel
Darauff nam er das kyndelein
Vnd auch die keusche mutter sein
Vnd zog ins land Israhel.

    Als der Herr Jesus war zwölff jair
Ist er in Tempell kommen
Wie des Festes gewonheyt war
Wie wir das hant vernommen
Joseph vnd auch Maria zart
Machten sich auff die widerfart
Jesus der blieb da hynden
Das war ihn beyden vnbewust
Verlorn war der Herr Jesus Christ
Sie kondten ihn nicht finden.

    Nach dreyen tagen das geschach
Das er ward wyder funden
Im Tempel ihn man sitzen sach
Woll zu den selben stunden
Vnder den Lerern das ist war

                 Redter

Redt er mit ihn von ihrer lär
Sie warn sich all verwundern
Seiner grossen weißheyt vnd kunst
Die sich erzeygen da begunst
Jn diesem knaben jungen.

    Diese folgende tzwölff Gesetze synd füglich zusin
gen/in zeyt des leydens Christi vnsers Herrn.

    Da er nu alt war dreissig jar
Jst er zum Jordan kommen
Die Tauff entpfangen das ist war
Von S. Johans dem frommen
Jn die wüstung wart er gefürt
Das er vom Teuffell versucht würde
Hat fasten angenommen
Woll viertzig tag vnd viertzig nachd
Das selb den Herren hungern machd
Da ist der satan kommen.

    Jn dieser schweren hungers nodt
Legt er ihm vor die steyne
Er sprach ist nu dein vatter Gott
So sprich ein wort alleyne
Das sie brodt werden all zuhandt
Damit würdt dein hunger gewandt
Es sprach der Herre zartte
Vom brodt der mensch alleyne nicht
Sein leben helt/sagt vns die Schrifft
Sonder auch von Gottes wortte.

    Das selb Gottswort hat vns gelärt
                 J   Jesus

Jesus Christ vnser Herre
Da mit der menschen vill bekart
Es war seins vatters lere
Wiewoll die selbe war gantz recht
Wardt sie doch von viele verschmecht
Verfolgt vff dieser erde
Vmb vnsernt wiln ers alles leidt
Das macht sein groß barmhertzickeyt
Vnd das er vns begertte.
    Er wardt verfolgt biß in den todt
Vmb vnser sunden willen
Hat er gelitten solche nodt
Des vatters zorn zustillen
Wiewoll er that vyll wunders groß
Wardt er verfolgt ohn vnderlaß
Woll von den bösen Jüden
Ihr zorn wardt über ihn erbrandt
Sie legtten ihm vff alle schandt
Die sie zusammen trugen.
    Er aß zuuor das Osterlamb
Ehe er gyng in sein leyden
Mit sein zwölff jüngern alle sampt
Er wolt sie vor bescheyden
Wie er vor vns all sterben wolt
Vnd was mit ihm geschehen solt
Zu gutt vns armen leutte
Denn er hats als vorhyn gewüst
Darumb hat er sie vor getrost

                                    Eheer

Ehe er von ihn gescheyden.

Er gab ihn auch sein zartten leyb
Darzu sein blut so rottes
Da mit speißt er sie zu der zeyt
Vnder gestalt weins vnd brottes
Er sprach ihr lieben Jünger mein
Das last euch stets befolhen sein
So offt ihr da von trincket
Vnd essen werdt von meinem fleysch
So haltten euch nach meinem geheyß
Das ihr an mich gedencket.

Er schwizt ym gartē blutygn schweyß
Vnd batt Gott seinen vatter
Ob yrgent wer ein ander weyß
Das er loß würdt der marter
Jedoch soll nicht der wylle mein
Sonder vatter geschehn der dein
Ich hab mich drein ergeben
Gar bald er auch gefangen wards
Darzu gebunden fest vnd hart
In der Sünder hend geben.

Vor vyer Richter wart er gefürt
Vnd felschlich angeklaget
Das sunst andern zu recht gebürt
Ward ihm alles versaget
Er ward verspeut vnd ser verhont
Mit einer dorne kron gekrönt
Mit geyßlen hart geschlagen

                              H & Mann

Mann zog ihm an ein purper kleyd
Zu spott vnd sehr grosser schmacheyt
Wie vns die schrifft thut sagen.

Spöttlichen ward er auch gegrüßt
Wie ein könig der Jüden
Sie thäten ihm was sie gelüst
Sein angesicht auch schlügen
Zum todt er auch verurtheylt ward
Muст sebst tragen sein Creutze hart
Das nye gehört ist worden
Daran ist er genagelt fest
Sprach vnder andern auch mich dürst
Am Creutz endtlich gestorben.

Als er nu am Creutze todt war
Wie jetzund ist gesungen
Da wart finster die Sonne klar
Auch woll drey gantze stunden
Als weyt da ist der welt vmbkreyß
Gar mancher harter felß zerreyß
Die erd that sich bewegen
Er reyß auch des Tempels vorhang
Biß vnden auß von seym anfang
Gestorben war das leben.

Sein seytten ihm geöpffet ward
Mit einem scharpffen spere
Wasser vnd auch sein blut so zart
Reychlich floß auff die erde
Also der mensch erlöset ist

Durch

57

Durch vnsern Herren Jesum Christ
Sagt vns die Schrifft vorware
Sein Creutz hat auch ein überschrifft
Das er ist der Jüden könig
Der vns allzeyt bewhare.

   Vom Creutze zu der Vesper zeyt
Ist er genommen worden
Gesalbet wardt sein edle leyb
Der vor vns war gestorben
In ein reyn thuch gewunden wart
Vnd gelegt in ein newes grab
Woll zu der Complet zeytte
Mit einem steyne schwer vnd groß
Auch sigiln mann das grab verschloß
Mit wechtern auch vmbleytte.

    Diese drey Gesetz mag mann vff Ostern singen

    Dieß alles ihn nicht haltten kondt
Wens auch mehr wer gewesen
Am dritten tag vom todt auff stundt
Nu synt wir all genesen
Das hat vor nye keyner vermöcht
Der solchs gethan auß eygener krafft
Als wirs von Christo lesen
Das macht er ist Gotts vatters son
Dem alle dyng synt vnderthon
Im hymmel vnd auff erden.
   Dem teuffell nam er sein gewalt
             J iij   Woll

Wolt zu den selben stunden
Vnd sein gefangen manichfalt
hat er frölich entbunden
Mit sich genommen in sein reych
Gemacht den lieben Engeln gleych
hat vns vrsach gegeben
Das wyr zu ihm die hoffnung han
Er werd solchs auch thun jederman
Der seins willens würdt leben.

   Wie durch ein menschen kommen ist
Sünd vnd todt in die weltte
Also durch einen Jesum Christ
Gotts sohn den außerweltten
Gerechtickeyt ist wyderbracht
Vnd erlanget Gottes freundtschafft
Das hymmelreych erworben
Das hat gemacht die liebe sein
Das wir loß synt der helle peyn
Er ist vor vns gestorben.

   Diese zwey Gesetz mag man auff die Hymmel
fart Christi singen.

   Als er vom todt erstanden waß
hernoch nach vierzig tagen
Wie vns S. Lauх bezeuget das
Vnd die Schrifft vns thut sagen
Ist er gehn hymmel vffgefahrn
Mit ihm auch vyll der Engell scharn
In seynes vatters reyche

                                    Der

58

Der selbe vnser Herre Chrift
Am Jüngften tag zukünfftig ift
Zurichten alle gleyche.

   Er würdt keynen nicht thun vnrecht
Sonder eym jeden geben
Nit nach seinem groffen geschlecht
Sonder nach seynem leben
Ift das geweft gerecht vnd gutt
Vor der hellen ift er behudt
Thut vns die schrifft berichten
Wer aber hat böflich gelebt
Vnd Gotts gebotten wyderftrebt
Selig würdt der mit nichten.

   Den heylgen Geyft hat er gefandt
Vns armen hie vff erden
Der vns sein willen macht bekandt
Wie wir recht sollen leben
Wo wir nu dem gehorsam sein
Vnd volgen seiner leer alleyn
So synt wir all genesen
Wer aber vngehorsam ift
Würdt in der hellen hon keyn fryft
Sondern ewigs quelen.

   Darumb laft vns Gott ruffen an
Er woll vns sein gnad geben
Das wyr nu mögen allesam
Nach seinem willen leben
Das vns das sterben Jefu Chrift

         J iiij   Vnd

Vnd was von ihm geschehen ist
zu heyll der seel gedeye
Das wir mit ihm in seinem Reich
Vns frewen mögen alle zugleych
Vnd freuntlich sich erzeyge.

  Das helff der Vatter vnd der Son
Der heylig Geyst dar neben
Das wir Gott loben allzeyt schon
Hie vnd in jhenem leben
Jhm dancken der grossen wolthat
Die er an vns gewendet hat
Der vill ist ohn all massen
Der vns vom Teuffel hat erlöst
Theyll vns allzeyt mit seinen trost
Er woll vns nit verlassen/

              Amen.

Ein geistlich Klaglied zusin-
gen vff die tag der Bitfarten/Mag
auch zu zeitten nach der predig
gesungen werden.

                        Mitten

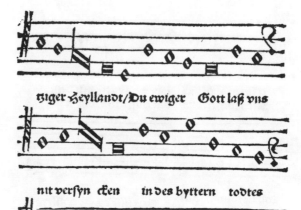

ziger Heyllandt/Du ewiger Gott laß vns

nit verfyn cken in des byttern todtes

nodt/Kyrieeley son.

Mitten in dem byttern todt/ schrecket
ans dein vrtheyll/ Wer will vns auß sol-
cher node/helffen zu der selen heyl/O Herr
du bists alleyne/der auß grosser güttickeyt
vns beystandt thut alle zeyt/Heyliger Her-
re Gott/Heyliger starcker Gott/Heyliger
barmhertziger Heylland / du ewiger Gott
Laß vns nit verzagen / so vns die Sünd
thut nagen/Kyrieeleyson.

Mitten in der feynden handt / thut die
forcht vns treyben / Wer hilfft vns dann
der

der Heylland/das wir gantz sicher bleyben
Christe du bists alleyne/denn du der gutt
hyrtte bist/der vns woll bewaren ist/Hey
liger Herre Gott/heyliger starcker Gott/
heyliger barmhertziger Heylland/du ewi=
ger Gott/Laß vns frydlich sterben/mach
vns deines reychs erben/Kyrieeleyson

Ein geystlich Bittlied / Mag
auch zur zeyt der Bitfatten ge=
sungen werden/ vnd auch
zu andern zeytté nach
der Predig.

Ach lieber Herr ich byt   te dich   Durch dein
Vff deyne we   ge leyt   te mich   Be   hüt

grosse barmhertzickeyt   Dein leyb vnd auch die
vor aller gferli   ckeyt   sele

ſie mein   Laß dir Herr Gott befolhen ſein

Hie in zeyt vnd in ewickeyt.

Ob ich dem fleiſch nach leben wolt
Vnd volgen meiner ſyndtlickeyt
Auch das thun welchs ich doch nit ſolt
Vnd mich geben vff üppickeyt
Das wolſt du Herre weren mir
Mein hertz vnd ſyn wenden zu dir
Zuthun deine gerechtickeyt.

Denn du Herr Gott almechtig biſt
Vnd ſteht alles in deiner handt
Drumb kanſtu mich zu aller friſt
Bewaren vor ſunden vnd ſchande
Vnd auch brechen den willen mein
Den treyben zu den wegen dein
Das dir geſchicht keyn widerſtande.

Drumb ſo ich wurd ſein treg vnd laß
zu volbringen den willen dein
So ver

61

So verschaff lieber Herre das
Das ich dir muß gefolgig sein
Vnd alles thun was du stets wilt
Wie sehr das fleisch dar wider bilt
Ach Herr richt du die wege mein.

 Denn so du Herre das nicht thust
Vnd mich läst gôn vff meiner ban
So ist mein thun alles vmb sust
Die ewig freud würdt mir entgon
Drumb lieber Herr verlaß mich nicht
Hilff das alles von mir geschicht
Was du von mir gethan wilt hon.

Ein geystlich Bittlied vmb dē fryden / soll gesungen werden in der melodey des Psalmen / Inclina me domine. Foli. xx.

Ewiger Gott wir bitten dich
 Gyb fryden in vnsern tagen
Das wir lieben einmüttiglich
Vnd stets nach deym willen fragen
Denn Herr es ist keyn ander Gott
Der vor vns streittet in der nodt
Dann du vnser Gott alleyne.
 Güttyger Gott wir bitten dich

          Gyb

Gyb fryden in vnserm leben
Verleyh vns dein hilff gnediglich
Den feynden zu wyderstreben
Denn niemant ist in dieser welt
Der fryden gybt vnd sygt erhelt
Denn du vnser Gott alleyne.

    Gnediger Gott wir bitten dich
Laß vns in dem fryden sterben
Erzeyg dich vns gantz vätterlich
Das wir endtlich nicht verderben
Durch Jesum Christum vnsern Herrn
Im heylgen geyst wir das begern
Von dir vnserm Gott alleyne.

    Eyniger Gott wir bitten dich
Du wöllest das nit sehen an
Das wir also vielfalttiglich
Den vnfryden verschuldet han
Mach von allen sunden rein
So würdt das hertz recht frydlich sein
In dir vnserm Gott alleyne.

    Starcker Herr Gott wir bitten dich
Gyb fryden vnserem hertzen
Gyb fryd hie vnd dort ewiglich
Wider die hellischen schmertzen
Gyb vns hertzliche eynickeyt
Vnd die ewige selickeyt
Welche in dir steht alleyn.
          Amen.

                                Ein

62

Ein Geyſtlich Lied zuſingenn
vff aller heyligen tag / vnd auch die
tag der heylgen ſo von der kir-
chen geſeyert werden.

O wie groß iſt die ſeli ckeyt
Die ihn loben in ewi ckeyt

al ler außer welten Gottes/
in frölichen ſieg des todtes/

So gutt iſt ein tag in Gotts reich/Das tauſent

die ihm nit ſynt gleych/Vnauſſprechlich iſt

ihr freude.

Sie leuchtten als der sonnen schein
Vnd leben ohn allen schmertzen
Alle gütter synt ihn gemeyn
Das erfrewet sie ym hertzen
Ein end hat ihr müh vnd arbeyt
Vnd rugen in höchster freyheit
Vorgangen ist alles übell.

Christus hat ihn ein reich bereyt
Gybt ihn zu essen von seym thisch
Gesettigt synt sie alle zeyt
Denn ihre speyß ist hymmelisch
Zunger vnd dorst hat da keyn stat
Wie vns Gott selbst gesaget hat
Er ist alle dyng in allen.

O wie gar selig ist ihr todt
Noch viel seliger ihr leben
Erlöst synt sie auß aller nodt
Von Christo ist ihn das geben
Mit ihm regyrn sie ewiglich
Herr gyb vns das auch gnediglich
So werden wir gantz zu fryden.

O ihr seligen Gottes kyndt

Verläst

Verláſt vns nit ym yamerthall
In dem wir arm vnd ellend ſynt
Helffet vns auch in ewer zail
Durch Jeſum Chriſtum vnſern Herꝛn
Den der vatter erhóret gern
Herr du wolſt ihr bitt geweren.

    Im volgenden Verß ſoll der nahm des heyligen
genant werden/auff welches Feſt dieß Lied geſun-
gen wúrdt.
    Dich Sanct N. ruffen wir an
Vff dieſen tag in ſonderheyt
Dweyll wir dein feyere heut begon
In der heyligen Chriſtenheyt
Bitt vor vns vnſſern Herren Gott
Das er durch ein ſeligen todt
Vns helffe zu der ſelickeyt/

        Amen.

Ein ander geyſtlich Lied von den Heyligen / in der vorigen melodey zuſingen.

O Ihr heyligen Gottes frundt
   Wie hoch hat euch der Herr geehrt
Das ihr ym hymmell alle ſtundt
Habt alles was das hertz begert

       K   Ihr

Jhr hat bey euch das höchste gutt
Das alzeyt erfrewt ewern mudt
Keyn trawren ist begreiffen euch .

Jhr leuchtet als der sonnen glantz
Jn Gottes vnsers vatters reych
Ewer klarheyt die ist voll vnd gantz
Vff erden hat sie keinen gleych
Selig synt zu aller zeyt
Dweyl ihr ym hauß des Herren seyt
Vnd sein lob preyset stettiglich.

Christus hat euch das reich bereyt
Das ihr esset von seinem thisch
Vnd trincket in der selickeyt
Gottes gnad stets new vnd frisch
Bey euch ein tag viel besser ist
Den tausent hie in dieser frist
Auch in den höchsten wollüsten .

Jhr seht allzeyt Gotts angesicht
Welchs auch die Engell gern schawen
Dar von euch solche freud beschicht
Dergleychen haben keyn augen
Gesehen noch kein ohr gehört
Wie vns bezeugt das Göttlich wort
Dem wir geben starcken glauben.

Nu bitten wir euch alle gleych
Jhr wolt vns gnad erwerben
Das wir kommen yns hymmelreych
Bald wann wir nu sollen sterben

Vor

=22

Vor vns.rufft Gott den Herren an
Das er vns nit woll verlan
Das wir ewig nit verderben.
    Ach lieber Herr vnser Gott
Durch die fürbitt der heylgen deyn
Kom vns zu hylff es thut vns nodt
Hylff vns zu dir in dein reych heym
Zu der ewigen seligkeyt
Die du den deinen hast bereyt
Durch Jesum Christum vnsern Herrn.

Zu einem Beschluß vff die die sonderlichen fest der Heyligen.

Durch Sanct N. ruffen wir an
Vff diesen tag in sonderheyt
Bit Gott vor vns ohn vnderlan
Erwirb vns sein barmhertzickeyt
Das er vns vorgeb vnser sund
Vnd helff vns in der letsten stund
Vom todt zum ewigen leben.

        Amen.
                    K ij Ein

Ein geystlich Prosa/ von der mutter Maria/ geteutscht durch Sebastianum Brandt

Aue durchleuchte stern des meres on fruchte

entpfangen außgangen den heydē zu fryden.

Eyn beschloßne porrte zu allen ortten

hast des vatters wortte vñ die son d̄ gerechti-
ckeyt

ckeyt bekleydt mit der mēscheyt geboren die warheyt

Jungfraw der welt wunne köngyn hymels bronne ȝ

erwelt als die sonne blickes schon wie der mon die

in deynem dienst schon blon ym hymmels thron
Vor glaub

vnd trawen dich Ruth von Jesse gebaut

K iij wen

wen   zu geberen begeren   propheten

alt vnd newen/Dich holtz des leben   auß

thau vom hymmel vmbgeben hat gefeuchttet

erleuchtet der geyst der feyst mandell ver=

kündet Ga   briel/   Du hast vns

beschwer⸙

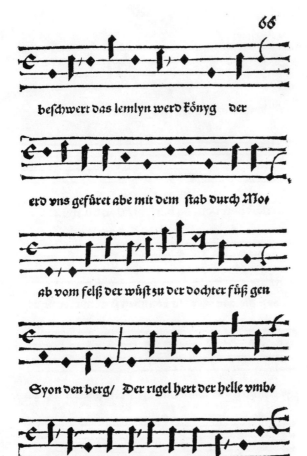

beschwert das lemlyn werd kônyg   der

erd vns gefûret abe mit dem stab durch Mo∘

ab vom felß der wûst zu der dochter fûß gen

Syon den berg/ Der rigel hert der helle vmb∘

ert hat vnd zerstôrt vnd gefangen da den

K   iiij   schlangen

schlangen in banden sein grym erlöst die welt

erlöst hast von sein banden/Von dir thun

wir die von Heyden kommen synt mit zyr vnd

gyr trachten das lamb vnd kynd wie mit wunder du

hast besonder geboren außerkoren Gott

den

den waren zu dem nahen entpfahen

wir den bhaltter vff den alttar in wein vnd

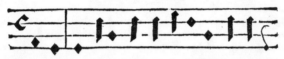

brots gstalt/Von dir außgat des ware hymmelbrot

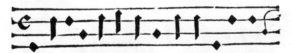

das vor ee den waren son Abrahe vom hymel

kam die groß wunder nam was das bedeut
                                    mögen heut

K   v   wir ar

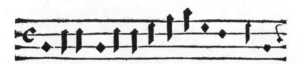

wir armẽ leut schawẽ schon al deckũg an hilff Jungẽ

fraw patron/das wir zu dẽ brott hymels wirdigẽ

lich gan/ Mach so wir niessen den bronnen sũsse

von dẽ felß fliessen in der wũsten mit dẽ glaubẽ

zyeren begyrt vnser nieren gewesschen in dem

mere

mere den ſchlägen außer am Creutz hangē ſpecu

kiren/Mach das wir bloß nahen in thyres

hutt gahen entpfahen das wortte das man hortte

ym buſch vnuerſehret da du mutter mit ſcham in

ſam gemehret vnuerſehret in ehren trugſt

den

den Herren/Hör vns nun daß dein son dir
nichts versagt

was du wilt thun/ Laß vns nicht Jesu mach quydt
von sünd

vor die dein mutter bitt/ Schaff vns dē bronnē

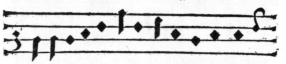

gütte mit reinem gmütte vnd augen anschawt

en Jungfrawen/So wir den synden enpfinden
der

der weißheyt vns bereyt den schmack lebens vñ se

ligkeyt/Den glauben mit werckē sterck'en vñ zy

ren vns zu führen zu selgem end behend

nach diesem ellend vr̄s werd geben dz wir schwe

ben bey dir vnd leben/ Amen.

Ende des Gsangbüchleins geystlicher Lieder.

Ein Gesang

Ein Gesang aus

der Heyligen Schrifft vom
Christkindlein / ym Ton /
Ein kyndelin so lo=
belich. , etc.
G. W.

Ie Propheceyen sind er=
füllet/ so manche zeytte stun=
den/ Weill Christus sich yns
fleisch gehült/auff erden ist erfundē/ Im=
manuel ist er genant / bey den Juden woll
bekant/sein mutter heist Maria/ zu Beth
lehem geboren tzwar / zu Nazareth erzo=
gen war/Nu singet Alleluia.

Er ist ein kleyner vns geborn / ein sohn
ist er vns geben/ Er hat ihm selber auser=
korn/das Regiment gar eben/Sein name
ist groß/ Starcker Gott / Er allein hilfft
auß der not/ auff Dauids stull thut sitzen
Ein König der gerechtickeyt/ von nu ann
biß in ewigkeyt/ die Gottloßen wirdt er
schmitzen.

Darumb so last vns frölich sein/alle die

wir

wir glåubē/ Vñ bittē vnſer kindlen ſein/
auff das er wolt beteuben/den altē Adam
in vns gantz/durch d gnaden hellen glantz
vnd vns auß ſich geberen / O du zartte
freundlikeyt/Laß vns vnſer Sunde wer=
den leyd/woltes vns den hymel beſcheren.

Auff die frölichen Oſtern/
Ad cenam agni/ in ſey=
nem alten Ton.

ZV diſch dieſes Lemlins ſo rein / Laſt
vns lob ſingen alle gemeyn / die wir
durchs Rotmeer gangen ſind/geſchmuckt
mit weiſſem kleyde fein.

Sein heyliges leyb wir geſſen hon / der
am Creutz hat vor vns geſtan / darzu ſein
blut getruncken ſchon / daruon wir leben
Gottes ſohn.

Der verderber kundt nicht ſchaden / do
er Egypten thet ſchlagen/Gott hatt vns
des tods verhaben / Laß König Pharo
nachiagen.

Chriſtus iſt vnſer Oſtertag/der ſich ein
Lemlein für vns gab / Lauterheyt vnſer
brot ſein ſall / vnd warheyt allzeyt vnſer
mall.

O du

O du werdes opffer so gutt/durch dich
verlescht der hellen glut/durch dich ist loß
alle Menscheyt/durch dich steht off die se=
ligkeyt.

Christus steige vom Grabe starck her=
für/Ein bezwinger der Hellen thur/Ein
vberwinder des Deufels groß/Ein erwer
ber des Abrahams schoß.

Wir bitten dich du Gott allein / Thue
woll an deiner Herr gemein / laß vns dir
folgen ym glauben/ vnd endlich dein glo=
ry schawen.

Preyß sey dir Herre Jesu Christ/ der du
vom todt erstanden bist / Laß vns in der
liebe nemen zu / vnd was dir woll gefelt/
das thü .

Auff vnsers Herren hymmel
fart/ ein Stuck vom Hymno/
Festum nunc celebre.
in seinem Ton.

LOb singet mit freuden/alle rechtgläu
bigen/an diesem lieben tag/allermeist
seyd nicht trag/weill Christus krefftiglich
in hymmel vom erdtrich/ gefaren ist ein
warer Gott.

Herlich

Herlich fure er hinauff / welchs preyſet
vnſer hauff / auch aller Engell ſchar / ſin=
gen daruon ſo klar / das er Triumphiret /
die Hellen verſtöret / Hat der Goliath ge=
ſchlagen.

Do er in hymel kam / das gantz Reich
bald annahm / erfüllet alle ding / auff das
es vns geling / Er teylet aus gaben / wel=
che wir entpfahen / Ein Richter wirdt er
künfftig ſein.

O Herr wir bitten dich / ſihe her gene=
diglich / Schutz vns zu aller friſt / für vn=
ſers feindes liſt / das er vns nichts anha=
be / das vnſer hertz nicht zage / Wenn der
todt mit vns ringen wirt .

Der Läyen tägliche Litania /
oder Supplication vor die
gemeyne Kirche.

VAtter ym hymel / wir deiner kinder /
   Bitten durch Chriſt das ewig kind
Hör vnſer ſchreyen nichts deſte minder /
   Ob wir wol nicht volkomen ſind /
Sih herab auff deine heylige Samlung
   O Herr erbarm dich vber vns.

L   DAs

Das dein ehre sey in jhrer handelung
    O Herr erbarm dich vber vns.
Laß sie thun deinen wolgefallen/
    O Herr erbarm dich vber vns.
Das sie dir gern diene in allem/
    O Herr erbarm. et c.
Mehr sie on vnterlas genedig/
    O Herr erbarm.
Das sie dich süche/liebe vnd lobe willig/
    O Herr erbarm.
Sterck sie ym elend vnd kümmerniß/
    O Herr erbarm dich vber vns
Das sie sehe zur zeyt der finsterniß
    O Herr erbarm.
Beware sie für schedlichen geystern
    O Herr erbarm.
Das sie sich nicht laß mensche meistern
    O Herr erbarm.
Halt sie fest in fried vnd einigkeyt /
    O Herr erbarm.
Das sie bleybe in der lauterheyt /
    O Herr erbarm.
Wir bieten auch für die gantze welt
    O Herr erbarm.
Schon jhr/weyl sie dein Wort nicht helt.
    O Herr erbarm.
Thu wol/sonderlich vnd in gemeyn/
    O Herr erbarm,

                             Keyser/

Keyser/König/Fürsten vnd dienern dein/
   O Herr erbarm dich vber vns.
Schaff/das sie weißlich regieren all/
   O Herr erbarm dich vber vns.
Gib/das woll zugehe/du selber wall/
   O Herr erbarm dich vber vns.
Wir bitten für alle Heydenschafft/
   O Herr erbarm.
Turcken/Inseln/vñ gantze Judenschaffe
   O Herr erbarm.
Wir bieten fur alle Ketzer vberall/
   O Herr erbarm dich vber vns.
Vnd Secten die da gehn nach eigner wall
   O Herr erbarm dich vber vns.
Wirck/das sie vom vnglauben ablassen/
   O Herr erbarm.
Mach das sie die warheyt fassen
   O Herr erbarm.
Wir bieten wider den Satanas
   O Herr erbarm.
Vnd sein Engell vill on alle maß/
   O Herr erbarm.
Trytt in vnter vns almechtiglich
   O Herr erbarm.
Durch dein zukunfft vom hymelrich/
   O Herr von dir komme vns/gnad/
   fried/Trost/and barmhertzigkeyt/
   Amen.

Die Heyligen Sieben Wortt

vnsers Herren/ rechtschaffen ge=
setzt/ wie sie gesungen wer=
den sollen auff die
feirtage vnd
sonst.

DA Jhesus an dem Creutze stundt/
vnd jhm sein Leychnam war ver=
wundt/ mit bitterlichem schmertzen/ die
Sieben Wort/ die er sprach / betracht in
deinem hertzen.

Zu erst sprach er von hertzen grund/ O
vatter vergib jhn diese sund / die mir mein
blutt vergissen/ sie wissen doch nicht was
sie thun/laß sie der biete geniessen.

Nu merck die groß barmhertzikeit / die
Jhesus do dem Schecher zeygt/ also ghar
gütliche/Vorwar heut soltu bey mir sein/
in meines vatters reyche.

Der Herr auch seiner mutter gedacht/
do er das dritte wort zu jhr sprach/Weyb
schaw dein Sohn gar eben/Joannes nim
deiner

deiner mutter war / wolſt jhr getreulich
pflegen.

Zum vierden ſprach er in groſſer pein/
ach Gott ach Gott Herr vatter mein/ wie
haſtu mich verlaſſen / Die marter die der
Herre leyd/ war peinlich vbermaſſen.

Zum funfften ſprach er in groſſer nott/
Mich dürſt/ vergoſſen iſt mein blutt/ auß
meinem gantzen leybe / domit hatt er die
Schrifft volnbracht / welch Dauid thut
beſchreiben.

Zum ſechſten redt er ein krefftigs wort/
das manch man bey dem Creutz erhort/
auß ſeim Göttlichen munde / Es iſt voln-
bracht das Leiden mein / jtzundt in dieſer
ſtunde.

Zum ſiebenden redt er vor ſeinem end/
Mein geyſt befhel ich in dein hend/ ſo ich
jtzundt ſoll ſterben / du wolſt den ſündern
genedig ſein/ vnd ſie nicht laſſen verder-
ben.

Ende der Geſäng aus der hey
ligen Schrifft G.W.

L iij   Ordnung

Ordnung vom gebrauch
der Psalmen vnd Lieder.

Sontag vnd Feyertag.
¶ Vor der Predig.
Vnser zuflucht o Gott du bist   A iij
Gegrüsset seyst du Maria   A iiij
   ¶ Nach der Predig.
Jch glaub in Gott.   A v.
Oder/Das sint die zehen Gebott   A viij.

Christag/vnd newen jars tag.
   ¶ Vor der Predig.
Der tag der ist so freudenreich   D iiij
   ¶ Nach der Predig.
Gelobet seist du Jesu Christ   D v.
Oder/Dangk sagē wir all mit schal. D vj

Ostertag.
   ¶ Vor der Predig.
Christ ist erstanden.   D vij
   ¶ Nach der Predig
Jn dieser zeyt loben wir all.   D viij
  Oder/Konygin der hymmel/frew dich
  Maria.   D viij
                      Hym

Hymmelfart Christi.

¶Vor der Predig.

Pfingstag.

¶Vor der Predig.

Christi fronleychnams tag.

¶Vor der predig.

In der Procession des sel= bigen tags.

L   iiij   O Gott

O Gott wir loben dich. B.j.
Item/Auch die andern Psalmen/Lobge=
sang/danck vnd bitt lieder.

Marcй vnd in der Cretzwochen.

Vff alle vnser lieben frawen fest.
¶Vor der Predig.

¶Nach der Predig.

purificationis   Als Maria nach   E vij

Johannis des Teuffers.
¶Vor der predig.
Vnser zuflucht.vn̄ Gegrüsset seistu.   A iij
¶Nach der predig
Gelobet sey Gott vnser Herr   E vj

Apostel tag.
¶Vor der predig.
Vnser zuflucht.   A iij
Gegrüsset seist.   A iiij
¶Nach der predig.
O Jesu Christe Gott vnd Herr   F j
Oder/ Als Jesus Christus vn.   F iij

Aller heyligen tag/vnd vff sonder=
liche Fest der heyligen.
¶Vor der predig.
Vnser zuflucht.et c. Gegrüsset   A iij
¶Nach der predig.
O wie groß ist die seligkeit   J viij
Oder/ O jr heyligen Gottes frundt   K j.

¶Volgt das Register

L   v   Register

Register des Büch-
leins.

Fraw von hertzen wir.

Nu bitten wir den heyligen   G v

O

O Gott wir loben dich   B j
O heyliger Gott erbarm dich mein C ij
O ewiger vatter biß genedig vns   G j
O Gott vatter dangk sag ich dir   F vj
O Jesu Christe Gott vnd Herr   F j
O wie groß ist die seligkeyt   J viij
O jhr heyligen Gottes frundt   K j

S

So bald der mensch erschaffen ward
        H iiij

V

Vnser zuflucht o Gott du bist   A ij
Vnser zuflucht o Gott du bist/in einer an=
    der Melodey.   iiij

W

Wer do wonet vnd sich enthelt C viij
Wir sollen all dangsagen Gott. E viij

        Corre

¶ Correctur.

A iiﬀ. an der andern ſeytt/ in der ander
zeil/ſol die erſt nott in dem nechſten ſpacio
vnderſich ſtehen.

A iiij. 2 ſeit/ 2. zeyll ſoll ohn eine die letzt
not breuis ſein.

A v. 3. zeyl/mach nach der dritte note ein
ſemibreuem im ﬀaut.

Auff der 5. zeyl ſollen zu forderſt zwo ſe-
mibreues ſein neben einander auff einer li-
nien/ da ſonſt nur eine ſtehet.

An der ſelben zeyl ſoll nach dem erſten la
ein ſemibreuis im gſolreut ſtehen.

A vj. ander ſeit in der erſten zeyl/ließ/ von
dan er zukünfftig iſt

A vj. 2. ſeit/in der 5. zeyl nach der 3. not-
ten mach ein pauß.

A vij. 2. ſeit/in der letſten zeil/den/zuuil.

C iij. 2.ſeit 23. zeil/ließ Auß ihr.

C vj. ander ſeit/ 17. zeyl/ließ Das eß.

D j 4. zeill/ließ/ſicherſt iſt

D j in der 10. ließ/Auß.

E ij. ander ſeit/ 12. ziel/ließ/ vns

E iiij. Mach nach den erſte 3. noten ein ſ
mibreuem auff die mittelſt lint.

F v. ander ſeit/ 9.zei.ließ/Behutt vns

G iiij. ander ſeit/an der 1. notirten zeyl
ſol die letzt not ein tertz höcher ſein.

¶ Correctur.

H j. 2. seit/zeil 7. ließ seit.
H vij. 2. seit/zeil 11. ließ singen.
J v. 2. seyte/zeil 5. ließ/ vns.
K ij. erst seyte/zeil 14. ließ/dich.

Gott allein die Ehre.

F